KB122011

청소 끝에 철학

청소 끝에 철학

쓸고 닦았더니 사유가 시작되었다

임성민 지음

whale books

이 서적 내에 사용된 일부 작품은 SACK를 통해 ProLitteris, SIAE, VAGA와 저작권 계약을 맺은 것입니다.
저작권법에 의하여 한국 내에서 보호를 받는 저작물이므로 무단 전재 및 복제를 금합니다.
© Ursus Wehrli / ProLitteris, Zürich - SACK, Seoul, 2018
© Lucio Fontana / by SIAE - SACK, Seoul, 2018
© The Easton Foundation/VAGA, New York/SACK, Seoul

청소가 끝난 자리에서

나는 청소를 잘하지 못한다. 다른 사람이 같은 시간 동안 같은 공간을 청소한다면 나보다 훨씬 효과적으로 할 것이다. 들인 시간에 비해 눈에 띄게 깨끗하게 만들지도 못하고, 몸을 능률적으로 쓰지도 못한다. 어떤 사람은 청소 자체가 운동이 되기도 한다지만, 구석구석 쓸고 닦다 보면 몸을 쭉 펴기보다는 숙이거나 구부리는 자세가 되어 삭신이 쑤신다. 청소를 마치고 나면 잠시 오른팔을 쓰기 어려울 정도다. 하지만 그렇게 몸이 뻐근해질 만큼 청소를 했을 때만 느끼는 뿌듯함이 있다. 사회생활을 하느라 평소 챙기지 못했던 나의 공간, 내 가족의 공간을 보살폈다는 기쁨이다. 잠시 멈추어 일상을 되돌아보는 시간이 마음을 편안하게 채워준다.

또 청소는 기력을 북돋우고 활기를 되찾아준다. 무기력한 날일수록 나는 안경이 흘러내릴 정도로 땀을 뻘뻘 흘리며 청소를 한다. 그러면 집 안의 먼지와 내 몸의 노폐물이 같이 빠져나가는 느낌이 든다. 청소하기 힘들 만큼 피곤할 때는 투명하고 커다란 수조를 상상한다. 나의 상상 속에만 존재하는 이 대형 수조는 신비한 물로 가득 차, 그 안에 들어가기만 하면 몸에 있던 피로와 나쁜 기운이 쫙 빠진다. 여기서 중요한 요소는 수조에 담겨 있던 물이 '처음에는 투명했다'는 것이다. 나의 피로가 몸에서 빠져나갈수록 물은 탁해진다. 깨끗했던 물이 시커멓게 변하는 만큼 생동감을 되찾는 내 몸은, 상상만으로도 작은 희열을 준다.

초등학교 때 장난기 많은 한 친구는, 남의 방귀 냄새는 지독할수록 역겹지만 자신의 것은 그렇지 않은 이유에 대해 나름의 이론을 펼쳤다. 남이 배출한 방귀는 원래 무취했던 공기에 섞여 내 코로 들어오는 것이지만, 내가 뀐 방귀는 속에 있던 나쁜 가스가 외부로 빠져나가는 것이므로 그렇게 고약하게 느껴지지 않는다는 것이었다. 그때는 웃어넘겼지만, 방바닥을 열심히 훔치고 나서 때가 잔뜩 묻은 걸레를 보면 '방귀 이론'에도 일리가 있는 듯하다. 청소하기 전에는 몰랐지만 그동안 '이만큼' 더러웠는데 지금 '이만큼' 깨끗해졌다는 것이 눈으로 확인되면, 지저분한 걸레가 더럽다기보다 '후련하게' 느껴진다. 내 몸에서 빠져나간 피로가 투명한 수조를 검게 물들일 때처럼.

청소를 할 때야 비로소 보이는 먼지와 쓰레기들은 존재를 느끼게 해준다. 생물의 분비물이 살아 있다는 증거이듯 공간에서 나오는 쓰레기는 생활의 증거이다. 치워도 또 나오고, 다시 치워도 계속 나오는 쓰레기 자체가 그 공간에 '생활이 있음'을 증명하는 것이다. 더 이상 치울 것이 없다거나 치우지 않아도 되는 상황은 생명의 중지를 뜻한다. 오랫동안 단독주택에 살다 아파트로 이사를 가게 되었을 때 우리에게 집을 산 사람이 집을 부수고 그 자리에 연립주택을 지을 계획이라면서, 버릴 가구나 쓰레기를 굳이 치우지 않아도 된다고 말했다. 낡은 침대와 액자 등 더 이상 사용하지 않을 물건을 처리해야 하는 번거로움이 없으니 이사 준비가 한결 수월해졌다. 그런데 가족들은 청소할 필요가 없는 것을 알면서도, 조금씩 생기는 쓰레기를 자꾸 모아서 쓰레기통에 버리고 있었다. 무심코 쓰레기를 분리하다가 문득 '아 참, 이거 내버려둬도 되지. 청소할 필요 없지' 하는 생각이 들면 아련하고 서운했다. 오랫동안 사용한 이 공간이 진짜 '사라진다'는 사실이 실감되었다.

청소라는 행위는 과거에 생활과 생명, 또는 조직과 체계가 존재했으며 이후에도 여전히 존재할 것을 전제한다. 즉, 청소는 삶이 지속되고 그 삶을 유지하는 에너지가 존재한다는 것을 증명한다. 한참 실의에 빠졌던 사람이 극복의 신호를 보이는 순간은, 방치해두었던 자신의 공간을 청소하는 때다. 그가 청소를 하는 것은 단순히 공간을 깨끗하게 만들고 싶어서가 아니라, 에너지를 느끼고 싶어서이기 때문이다. 무기력할 때 나를 위한 공간을 청소하다 보면, '한번 해보자!'라는 내면의 목소리가 들리는 듯하다. 삶은 시작과 끝의 반복이며, 인간은 변화와 유지를 동시에 원한다. 이 두 가지를 모두 가능하게 하는 것이 바로 청소다. 청소는 '새롭게 이전처럼 만든다'라는 이율배반적인 말을 가능하게 한다. 내가 주체가 되어 주변을 깨끗하게 만들 수 있다는 사실은 자신의 영향력을 느끼게 하므로 스스로에게 힘을 준다. 단순히 깨끗해진 공간을 얻는 것 이상으로, 청소는 정신 건강에 긍정적인 영향을 준다.

종교나 철학 같은 정신 활동의 최종 목표는 인간을 자유롭게 만드는 것이며, 이를 위해서는 고뇌의 시간이 필요하다. 깨달음이든 해탈이든, 어떤 경험을 통해 이전의 것을 지워야만 새로워진 상태가 가능하다. 인간이라면 누구나 시간의 흐름에 따라 정신적으로, 또 물리적으로 자취가 쌓인다. 다시 말하면, '정화된' 상태는 기존의 '때 묻은' 상태가 전제되어 있다. 이것이 내가 만든 모든 부산물을 혐오하기보다 이해해야 하는 이유다. 눈에 보이는 것이든 보이지 않는 것이든, '청소'라는 개인적이고 지속적인 활동이 있는 한, 때가 묻어도 두려워할 필요가 없다.

원래 깨끗했던 것과 때를 지워 깨끗해진 것은 다르다. 후자에는 시간과 경험이 담겨 있기 때문이다. 평생 일곱 살 어린아이처럼 그리기 위해 노력했다는 피카소의 말은 단순히 세상을 경험한 지 얼마 안 된 어린아이로서 그리겠다는 말이 아니다. 피카소가 즐겨 사용한 단어가 'naive(순진한)'나 'pure(순수한)'가 아니라, 배운 것을 고의적으로 잊는다는 뜻의 'unlearn'인 것을 보면 그 의도를 알 수 있다. 그는 다양한 경험과 각고의 노력을 거친 깨달음 끝에, '다시 깨끗해진' 상태의 본질을 그리고자 한 것이다. 청소도 이와 같다. 청소를 통해 전과 다른 깨끗함을 인지하게 되고 이 과정 속에서 가치를 인식하게 된다.

우연히 내가 청소할 때마다 전화를 했던 친구가 물었다. 그렇게 청소를 꼼꼼하게 자주 하는 것이 더러움을 너무 싫어하기 때문이냐고. 나는 전혀 그렇지 않다고 대답했다. 인간의 생활에서 더러움이 생기는 것은 당연하고 자연스럽다. 그 자체를 불편하게 생각하면 생활 자체가 불편해진다. 먼지가 '생긴' 것을 불편하게 느끼는 것과 먼지가 '생길까 봐' 불편해하는 것은 다르다. 쌓인 먼지를 청소하는 것은 그 공간에서의 자유로운 행동에 제약을 주지 않기 위해서지만, 조금이라도 생길 먼지를 우려해 청소하는 것은 평소의 행동 자체를 제약하기 때문이다. 청소가 주는 자유를 아는 사람은 언제든지 다시 깨끗해질 수 있다는 것을 알기 때문에, 공간을 자연스레 더럽히는 행동을 오히려 구속하지 않는다.

무념무상의 상태로 청소를 마치고 나면 타인과의 관계 속에서 규정지어진 '나'가 아닌, 본연의 '나'가 드러난다. 청소는 나의 주변과 나의 행동을 돌아보게 함으로써 결국 나를 돌아보게 한다. 내가 누구인지 알고 싶다면, 나의 손길이 머무는 주변을 살펴보면 된다. 청소 끝에 보이는 것은 '나'이고, 바로 '삶'이다.

2018년 봄을 시작하며
임성민

Contents

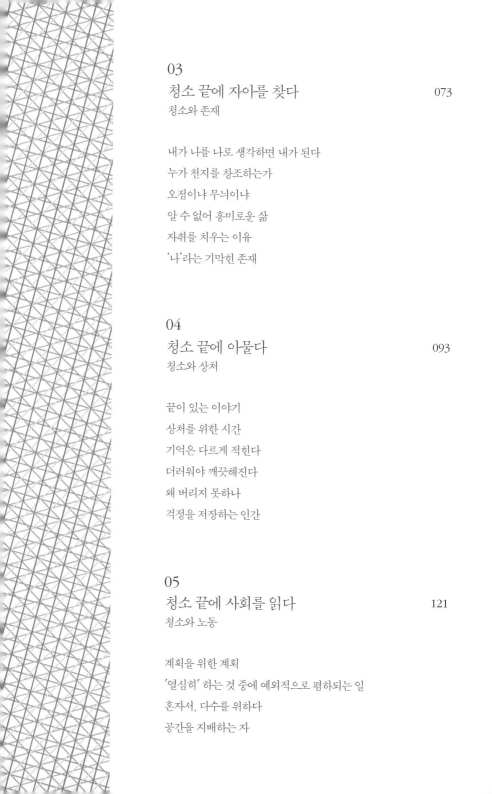

자꾸 일이 꼬이면 당장 청소부터
방 정리, 생각 정리
'그때'의 내가 아니다
잊히는 것들
낡은 것이 좋다

청소 끝에 공간을 알다

청소와 문화

바닥, 그리고 걸레

어렸을 적 어머니가 집 청소하는 모습을 떠올리면, 빨래판에 힘주어 빤 물걸레를 가지고 무릎을 꿇은 채 열심히 방바닥을 훔치던 것이 먼저 생각난다. 특히 탁자나 가구보다 방바닥을 더 박박 닦았다. 무릎관절을 많이 사용하는 운동선수들이 40대 중반 이후 무릎을 굽힐 때 소리가 나는 경우가 많다는데 나의 어머니도 그랬다. 제사를 지낼 때 절을 하기 위해 무릎을 굽히면 항상 무릎에서 뚝뚝 소리가 났다. 청소를 할 때마다 앉았다 일어나기를 수없이 반복하니 무릎연골이 빨리 상할 수밖에 없었다. 서서 닦을 수 있는 긴 대가 달린 걸레용품을 아버지가 사다 주고 나서도 어머니는 한동안 앉아서 걸레질을 했다. 바닥에 몸을 가까이 구부리고 팔에 힘을 주어, 닦으면 닦을수록 더 깨끗해진 바닥을 확인할 수 있도록 무릎을 꿇은 채 닦았다.

좌식생활을 하는 일상에서 바닥은 벽보다 우리 몸이 많이 닿는 곳으로, 생활이 이루어지는 장이다. 바닥에 앉아 밥을 먹고 텔레비전을 보며 이야기를 나누고 잠을 잔다. 그래서 집에 들어오자마자 양말을 벗어 외부 활동으로 지저분해진 발이 바닥에 닿지 않도록 신경을 쓴다. 어린 시절 밖에서 친구들과 한참 놀다 와서 때가 꺼멓게 묻은 양말을 신은 채 마루를 돌아다니는 것은 등짝을 맞아도 할 말 없는 행동이었다. 가끔 "이거 방금 갈아 신은 양말이야"라고 말하면 엄마는 바로 "발 들어봐"로 응수했다. 발을 들었을 때 조금이라도 때가 묻어 있으면 등짝을 한

대 맞고 양말을 벗고 와야 했다. 실내에서 시커멓게 때가 탄 양말을 신고 있는 것은 잔뜩 때가 탄 티셔츠를 입고 있는 것보다 훨씬 잘못한 일이었다. 잠을 자는 방은 낮에 열심히 닦았어도 밤에 이불을 펴기 전에 또다시 물걸레로 닦았다. 집을 깨끗이 유지하는 기준은 바닥 상태에 달려 있었다. 남의 집을 방문했을 때 바닥이 매끄럽지 않다면 그 집은 청소를 잘 못한 것이었다. 찬장에 정갈하게 놓인 접시들도 몇 발자국의 걸음으로 판단할 수 있는 청결의 판정을 뒤집지 못했다.

우리나라는 예부터 온돌을 통해 바닥을 데우는 보온 방법을 취해왔다. 온돌의 역사를 살펴보면 중국과 몽골 지역에서도 사용한 기록이 보이지만, 우리처럼 방 전체가 아니라 잠을 자는 곳 같은 방의 일부에 한정되어 있다. 우리나라의 경우 온돌 방식은 고려시대에 시작되어 조선시대 들어 점차 넓게 보급되면서 전반적인 좌식생활이 자리 잡았다. 특히 고려시대에 방의 일부에만 온돌이 있던 것에서 조선시대에는 방 전면의 온돌 형태로 바뀐다. 또 좌식생활을 하게 되면서 자연스럽게 신발을 벗고 실내로 들어오기 시작했다. 온돌의 보급으로 추운 겨울에도 따뜻하게 지낼 수 있게 되었지만 땔감으로 사용할 나무의 수요가 급증해서 산의 나무가 급격하게 줄어들기도 했다. 하지만 이후 연탄이 쓰이기 시작하고 정부의 식목장려운동 등으로 산에 다시 나무가 채워졌다.

우리와 인접해 있지만 중국은 우리와 달리 예부터 주로 좌식생활이 아닌 입식생활을 했다. 잠을 자기 위한 침대가 있었고 여러 개의 의자가 생활에 필수적이었다. 현재도 중국인들은 실내에서 신발을 신고 생활하

고구려 무용총의 〈접객도〉를 보면 손님이 방문했을 때 주인과 손님 모두 신발을 신고 의자에 앉아 있다.
이 시기는 방 전체가 아닌 일부에만 온돌이 있었기 때문에 좌식과 입식을 겸용했다.

는 경우가 많다. 반면 일본은 우리와 같은 좌식생활이 일반적이다. 다다미라 부르는 커다란 돗자리 형태의 매트를 깔고 그 위에서 생활하는 모습을 쉽게 볼 수 있다.

어릴 적 시골에 놀러 갔을 때 뜨끈한 아랫목에 펴진 이불 속으로 쏙 들어가면, 밖의 맹렬한 추위를 이긴 것 같아 입가에 씩 웃음이 지어질 만큼 기분이 좋았다. 이불 안의 온도는 높지만 방 안의 온도는 그에 비해 낮아 빼꼼 내놓은 얼굴에 찬기가 느껴졌지만 그러한 온도 차이가 정신은 맑게, 몸은 따뜻하게 해주어 오히려 내가 원하는 상태를 만들어주었다.

서양의 난방은 방바닥을 데우기보다 라디에이터나 히터 또는 벽난로를 이용해 방의 공기를 데우는 방식이다. 온수와 난방을 위해 보일러를 사용하는 것은 같지만, 추운 날씨에 바닥을 따뜻하게 데우는 중요성이 큰 것은 우리만의 특징이다. 특히 외부가 추우면 추울수록 바닥을 데우는 것을 중요하게 생각하는데, 우리는 겨울에 활동을 하는 낮보다 기온이 낮아지고 움직임이 없어 체온이 떨어지는 밤의 자는 시간 동안 주로 보일러를 튼다. 하지만 서양의 경우 움직임이 많은 낮에 편히 활동하기 위해 난방을 켜고, 밤에는 두꺼운 잠옷을 입고 낮에 틀어놓았던 난방을 끈 다음 침대 위 이불 속으로 들어간다.

지금은 우리도 바닥에 앉아 먹기 위해 펴던 밥상보다 식탁이, 눕기 위해 깔던 이불보다 침대가 익숙해지긴 했지만 바닥은 여전히 주된 생활의 장이다. 침대를 사용하더라도 몸에 닿아 열을 직접적으로 전달하는 온수매트나 전기장판을 침대 위에 올려놓기도 한다. 원래 전기장판과 전기담요는 미국에서 결핵환자들을 위해 최초로 만들어졌는데, 미국을 비롯한 외국에서는 아래에 까는 전기장판과 위에 덮는 전기담요의 판매량이 비슷하지만, 온돌의 따뜻한 아랫목이 익숙한 우리나라의 경우 바닥을 따뜻하게 해주는 전기장판의 수요가 압도적이다.

좌식생활에서는 바닥을 깨끗이 닦을 수 있는 걸레가 청소의 필수도구다. 지금은 천으로 된 걸레를 대부분 구매해서 사용하지만 예전에는 입다 구멍이 난 러닝셔츠나 면 티셔츠를 사용했다. 가끔 색상이나 디테일이 조악한 옷을 사 오면 부모님은 "이건 걸레로도 못 쓰겠다"라는 말을 하시곤 했다. 한번은 물걸레로 내 방을 열심히 닦다가 더러워진 면을 뒤집어 닦기 위해 넓게 펼쳐보니, 예전에 즐겨 입던 티셔츠인 것을 알아차리고 서운했던 적이 있다. 낡아진 옷을 말없이 걸레로 사용한 엄마에게 서운했던 것이 아니라, 다시는 이 옷을 못 입는다는 데 대한 아쉬움 같은 것이었다. 한때는 밥 먹을 때 음식이 튈까 봐 조심조심하던 흰색 티셔츠였다. 시간이 지나면 낡는다는 것은 세상 모든 사물에 적용된다.

중학교 때 영어 선생님은 교과서를 한 문장씩 읽고 번역하도록 학생들에게 시켰었다. 《이솝 우화》에 대한 영어 스토리였는데 한 학생이 "옛날에 한 늙은이가…"라고 번역하자 선생님은 단어 사용이 어색하다고 꾸중을 했다. 그러자 그 학생이 억울하다는 듯 물었다. "young man

은 젊은이, old man은 늙은이로 번역하는 것 아니에요?" 선생님은 '늙은이'라는 표현은 예의 없게 들릴 수 있으니 '한 노인이'로 고치라고 했다. 늙은이보다는 낫겠지만 노인이라는 말도 그다지 선호되지는 않는다. 그래서 미국에서는 60년대 이후 노인들이 직접 지위 향상 운동을 벌여 호칭을 'Old people'이나 'Aged person'에서 'Senior citizen'으로 바꿔주길 요구해, 현재 버스나 지하철을 비롯한 그들을 위한 자리에 이 단어를 사용한다. 우리나라에서는 1998년 한국사회복지협의회가 실시한 '노인의 새 호칭 현상공모'에서 심사위원들의 만장일치로 '어르신'이 당선작으로 뽑혔다.

늙음은 부끄러운 것도 아니고 잘못된 것은 더더욱 아니다. 단지 개인적으로 안타까울 수는 있다. 늙음이 안타까운 것은 젊음이 얼마나 찬란한 것이었는지 알기 때문이다. '젊음은 젊은이에게 주기에는 너무 아깝다'라는 영국 작가 버나드 쇼의 말이 마음에 와닿으면 나이 듦의 시작이라던 친구의 말이 생각난다. 하지만 나이 듦의 시작도 찬란할 수 있지 않을까. 헌 옷이 새 걸레가 되어 내 방을 빛나게 해주었던 것처럼.

물은 가장 오래된 약

좌식생활의 청소에서 물걸레질은 주된 방법이다. 그래서 무언가를 깨끗하게 만들기 위한 필수요소로 가장 먼저 떠오르는 단어는 '물'이다. 물이 모든 오물과 때를 무조건 효과적으로 벗겨내는 것은 아니지만 투명하게 흐르는 물의 이미지는 정화하는 힘을 가진 것처럼 느껴진다. 손대기조차 싫은 오물이라도 그 위에 물을 뿌리면 조금은 깨끗해진 것 같다. 걸레를 빨 때도 당연히 물이 필요하다. 방과 거실을 훔쳐 더러워진 걸레를 대야에 넣고 물을 받으면 시커먼 물이 차오른다. 물의 색이 점점 옅어져 투명해질 때까지 여러 번 물을 다시 받아 걸레를 빤다. 반면에 유럽의 여러 나라와 미국은 세제가 담긴 스프레이를 바닥에 뿌리고 물기 없이 마른 수건으로 닦아낸다. 이러한 방법이 효율성 측면에서는 물걸레질보다 나을 수도 있다. 하지만 물걸레질을 주된 청소 방법으로 하는 우리나라 가정집에서는 다른 요소가 들어 있지 않은 청량한 물이 더러움을 씻어내주어야 비로소 가장 깨끗해진다고 생각한다. 우리에게 물은 수소와 산소로 이루어진 단순한 액체가 아니다. 예로부터 우리 조상들이 깨끗한 물을 떠놓고 소원과 안녕을 빌던 것은 물에 정화하는 힘이 있다고 믿었기 때문이다.

우리가 몸을 청결하게 씻는 방법도 공간을 물걸레로 힘주어 닦는 것과 비슷하다. 물에 들어가 몸의 때를 불린 후 까칠까칠한 이태리타월로 박박 밀고 물로 여러 번 헹군다. 해외의 목욕용품 중에는 가루나 거품을 몸에 묻히고 나서 물이 아닌 타월로 닦는 제품이 있는데, 물로 완전히 헹구지 않고 타월로 닦는 모습이 우리에게는 개운하게 느껴지지 않는 탓에 우리나라는 판매가 활발하지 않다.

북유럽 국가 가운데 실내에서 신발을 신지 않는 대표적인 나라인 핀란드에서도 물걸레로 집을 닦는다. 우리의 찜질방이나 일본의 온천처럼, 핀란드 사람들이 사우나를 즐기는 것도 잘 알려져 있다. 이들 나라는 공통적으로 몸을 깨끗이 닦는 것을 즐기며, 깨끗함과 가장 어울리는 단어는 '물'이라고 생각한다. 우리는 물이 몸과 마음을 치유해주는 동시에 신성하다고 여겨서 예부터 중요한 일이 있을 때 목욕재계했다. 핀란드에는 물이 가장 오래된 약이라는 속담이 있고, 사우나를 하는 중에는 남을 비방하거나 욕하지 않는다. 핀란드 전설 중에 사우나 안에서 나쁜 행동을 하면 '사우나 요정'이 화를 낸다는 이야기가 있기 때문이다.

과자 부스러기가 더러운가,
엎질러진 우유가 더러운가

90년대 말에 패션스쿨을 다니기 위해 뉴욕에 갔다. 유학원에서 소개해준 집에 임시로 머물 수 있었던 1주일 동안 급하게 집을 알아봐야 했다. 인터넷이 활성화되기 전이라 신문을 보고 찾아갔는데 집을 방문할 때마다 당황스러웠다. 신발을 어디에서 벗어야 할지 몰라서였다. 나에게 '집 안으로 들어가는 방법'이란, 현관문을 열자마자 바로 실외와 실내를 구분 짓는 다리 같은 공간이 있어서 그곳에다 신발을 벗어놓고 들어가는 것이었는데 딱히 그런 역할을 하는 공간이 없었다. 그래서 항상 멈칫했다. 그러면 집주인은 어색해서 그러는 줄 알고 친절히 크게 손짓하며 괜찮으니 들어오라고 했다. 하지만 내가 알던 '다리'가 없으니 쉽게 건너가지 못했다. 어떤 집은 거실 자체에 신발을 신고 들어가게 되어 있었

1991년 개봉한 미국 영화 〈마이 걸〉에서 주인공 여자아이가 운동화를 신은 채 침대 위에 엎드려 있다.

고, 또 어떤 곳은 넓게 카펫이 깔린 거실의 끄트머리에 내가 알아서 신발을 벗어두고, 옆에 놓인 슬리퍼를 신고 들어갔다.

그렇게 지낼 곳을 여기저기 알아본 후 커다란 3층 주택인 교회 목사님 집의 3층에 세를 들어 살기로 했다. 그 집에는 교회 신도들이 자주 방문했는데 사람들이 들락날락하다 보니 일주일에 한 번은 꼭 대청소를 했다. 목사님과 그의 부인이 청소를 하기 전에 가장 먼저 하는 일은 마스크를 착용하는 것이었다. 그러고는 기다란 솔로 액자와 테이블의 먼지를 바닥으로 떨어뜨린 후 진공청소기로 한참 바닥의 먼지를 빨아들였다. 당시 한국에서도 진공청소기를 사용하긴 했지만 본격적으로 바닥을 걸레로 닦기 위한 작업 같은 것이었다. 따라서 청소 도구라고 하면 가장 먼저 떠오르는 것이 걸레이고, 부차적인 도구들이 고무장갑, 빨랫비누 등이었다. 그러나 미국의 청소에서는 주인공이 진공청소기였다. 그래서 '진공vacuum'이라는 단어가 청소 자체를 뜻하기도 한다. 먼지를 떨어내는 방식의 청소에서 물기는 방해 요소이다. 욕실조차 카펫이 깔려 있는 경우가 많아서, 우리나라의 욕실처럼 물이 쉽게 빠질 수 있는 배수구를 찾기 힘들다.

소리를 내며 먼지를 빨아들이는 진공청소기의 성능을 볼 때면 신무기를 장착하고 싸움에 임하는 전사 같다. 서양에서 진공청소기의 역사는 길다. 카펫을 사용하는 유럽에서 발명가들은 카펫청소기를 먼저 탄생시켰는데, 전기모터를 이용해 먼지를 빨아들이는 진공청소기를 개인이 사용하기 시작한 것은 1900년대 초이다. 1901년 영국의 엔지니어 휴버트 세실 부스는 젖은 천을 입에 대고 숨을 들이마시면 먼지가 천에 묻는 것처럼, 필터를 장착하고 흡입하면 공기 중의 먼지를 끌어모을 수 있다는 아이디어로 모터를 장착한 진공청소기를 만들었다. 그러나 그의 진공펌프는 매우 컸기 때문에 집 밖에 두고 호스를 이용해서 집 안의 먼지를 빨아들여야 했다. 그 후 1907년 먼지가 지긋지긋한 천식환자였던 미국의 제임스 스팽글러는 먼지를 빨아들이는 휴대용 청소기를 발명했다. 하지만 스팽글러는 탁월한 발명 능력에 비해 이를 상업화하는 비즈니스 기술은 그의 친척 윌리엄 후버보다 약했다. 이듬해인 1908년 후버는 스팽글러에게 그 멋진 발명품에 대한 기술을 자신에게 팔라고 했다. 특허권을 사들인 후버는 청소기를 판매하기 시작했고 진공청소기의 대명사인 바로 그 '후버'로 자리 잡았다.

한국에서는 부스러지는 빵이나 과자를 먹다 흘리면 여기저기 부스러기가 날려 청소하기가 여간 귀찮은 것이 아니었다. 그래서 어릴 적 과자를 먹을 때 나와 동생은 조심해서 먹으라는 부모님의 주의가 싫어서 마음대로 편하게 먹기 위해 아예 마당으로 나가 먹었다. 반면 방바닥에 실수로 컵에 담긴 물이나 주스를 엎질렀을 때는 잠깐 잔소리를 듣긴 해도 쏜살같이 걸레를 가져와 말끔하게 닦으면 쉽게 없던 일처럼 만들 수 있었다.

하지만 카펫이 깔려 있는 장소에서는 다른 상황이 벌어졌다. 미국의 목사님 집 거실에 교회 아이들이 모여 앉아 이야기를 하던 중 어른들이 과자와 우유를 잔뜩 가져와 아이들에게 나누어 주었다. 아직 어린 아이

후버의 진공청소기 광고, 1921.

청소 끝에
철학

들이라 과자 부스러기를 여기저기 떨어뜨렸지만 목사님과 그의 부인은 개의치 않았다. 그런데 그중 한 아이가 마시던 우유를 쏟자 주변의 어른들이 깜짝 놀라며 재빨리 수건을 가져와 꾹꾹 눌러 닦고, 냄새가 배지 않도록 분무기로 세제를 뿌린 뒤 드라이어로 말려가며 한참 뒷수습을 했다. 물걸레가 주가 되는 한국식 청소에서는 흩날리는 작은 부스러기들보다 한군데 쏟아진 액체가 치우기 쉽지만, 융으로 만든 양탄자가 깔린 경우 작은 부스러기는 진공청소기로 빨아들이기 쉬운 반면 액체는 카펫에 흡수되어 처리가 쉽지 않은 것이다.

부스러기가 더 청소하기 까다롭다고 오랫동안 인식해온 나는 아이들이 거실에서 과자를 먹을 때면, 시력이 나빠 잘 보이지도 않는데 떨어지는 부스러기들이 눈에 거슬려 신경이 쓰였다. 내가 청소하는 것도 아닌데 말이다. 반면 목사님 부인은 거실에 앉아 있는 아이들에게 우유를 나누어 줄 때 조심해서 마시라는 말을 몇 번이고 되풀이했다. 또한 밖에서 실내로 들어올 때 양말부터 벗고 들어와야 했던 나의 어린 시절처럼, 미국 아이들은 집에 들어올 때 "신발 매트에 닦고 들어와"라는 어머니의 잔소리를 버릇처럼 들어야 했다. 그들에게 지저분함이 축축하게 젖은 환경이라면, 우리에게는 먼지가 수북하게 쌓인 환경이다.

우리나라에 《화장실의 작은 역사》로 출간되었던 다니엘 푸러의 저서 《요강과 화장실Wasserthron und Donnerbalken》을 보면 17~18세기 유럽에서는 분비물 같은 지저분한 오물이 대부분 액체이므로, 물기가 악취와 오염의 주된 요소라고 생각했다. 그래서 당시 의사였던 리히터는 인간의 육체가 지속적으로 액체를 만들어내기 때문에 땀이나 분비물 같은 오염된 액체를 관리하고 통제해야 한다고 주장했다. 그래서 당대의 의약품은 인간의 몸에서 액체를 제거하는 것을 목표로 해서 관장이 주된 방법이 되었으며 그 외에 설사제, 구토제 등이 널리 사용되었다고 한다.

이와 대조적으로 우리 역사에서는 물의 치료 효능에 대한 기록을 쉽게 찾아볼 수 있다. 《세종실록》에는 세종대왕이 눈병으로 고생했을 때 지금의 세종시 전의면에서 샘솟는 약수인 전의초수全義椒水를 1년 동안 매일 떠 오게 해서 이 물로 눈을 씻었다는 이야기가 있다.

태양의 살균력

미국에서 학교를 다닐 때 얇은 밑창에 끈이 연결된 단순한 모양의 샌들을 신고 온 친구를 봤다. 해변도 아니고 도시 한복판에서 이런 스타일의 신발을 신는 이유가 궁금했다.

> 나: 이거 거의 맨발이나 다름없어 보여. 실내도 아니고, 이렇게 돌아
>   다니면 땅바닥의 흙이 다 묻잖아. 불편하지 않아?
> 친구: 아니, 편해. 그리고 흙이 묻는 게 어때서?
> 나: 네 발에 땅바닥의 흙이 묻는 게 지저분하지 않아?
> 친구: 전혀. 여름 햇볕에 바짝 마른 정오의 흙이라 괜찮아.

청소 끝에
철학

아주 얇은 밑창에 가느다란 끈만 연결된 샌들. 우리는 주로 해변에서 신는다.

친구는 그 이후로도 인간의 면역력과 햇볕의 살균작용에 대해 길게 설명했다. 인간은 다른 동물보다 훨씬 효율적인 면역체계를 가지고 있으며, 햇볕에 노출되는 것이 햇볕을 차단하는 것보다 나쁜 균을 없애는 데 효과적이라고 덧붙였다. 내 머릿속에 물의 정화 효과가 있는 것처럼 그 친구에게는 태양의 정화 효과가 자리 잡고 있었다.

비슷한 일화가 또 있다. 미국의 빨래방에서 세탁기에 옷을 넣기 전에 빨래판으로 초벌빨래를 하지 않아 개운하지 않다는 나의 말에, 주변 사람들이 마찰을 가하면 옷이 상하지 않느냐며 옷을 왜 비비느냐고 의아해했다. 설거지나 빨래, 청소 또는 목욕을 할 때 힘을 주어 박박 밀고 물로 깨끗이 씻어내는 것이 속 시원하다는 나의 방식을 그들은 이해하지 못했다. 물기 없이 햇볕에 살균하는 것이 일반적으로 물건을 손상하지 않는 가장 효율적이며 깨끗한 방식이라고 생각하는 듯했다. 요즘은 피부암이나 미세먼지의 위험 때문에 덜하지만, 서양에서 햇살이 따뜻한 날 웃통을 벗고 일광욕을 하는 사람이 많았던 것도 이러한 이유에서다.

허버트 조지 웰스의 1898년 소설을 원작으로 한 스티븐 스필버그 감독의 영화 〈우주전쟁〉은 인간의 무기를 무력화할 만큼 강력한 외계인이, 인간은 면역력이 있어 아무 거리낌 없는 지구상의 수많은 미생물에게 당하는 것으로 끝난다. 이러한 결말은 해외에서는 호평받았지만 국내에서는 허무하고 황당하다고 인식되었다. 샌들을 신고 학교에 온 친구의 설명 때문이었는지, 내게는 굉장히 그럴듯한 결말 같았다.

요즘은 미국에서도 외부의 신발을 신고 실내로 들어오는 것이 위생에 좋지 않다고 생각하는 가정이 늘어나면서 신발뿐 아니라 실내화도 안 신는 집이 꽤 많이 생겼다. 오랜 습관도 바꿀 만한 타당한 이유가 발견되면 이렇게 변화하기도 한다.

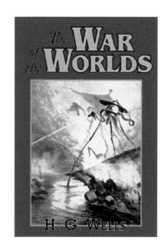

허버트 조지 웰스, 《우주전쟁》, 1898.

청소 끝에
철학

마녀의 빗자루

지금은 집안일을 분담하는 경우가 많지만 이러한 현상이 오래된 일은 아니다. 육아와 요리뿐만 아니라 청소까지 더해진 집안일을 주로 맡아온 우리 어머니들은 하루 종일 물에 손을 담가야 했다. 젖은 손이 애처로워 살며시 잡아봤다는 노래 가사처럼 어머니들의 손은 마를 틈이 없었고 주부습진은 일상이었다. 나의 어머니도 손의 주부습진으로 오래 고생했다. 저녁에는 연고를 바르고, 자는 동안 이불에 묻지 않게 하기 위해 면장갑을 끼고 주무셨다. 하지만 낮에 또다시 물이 묻다 보니 쉽게 나을 리가 없었다. 아무리 고무장갑을 낀다고 해도 일을 하다 보면 자연스레 물이 묻을 수밖에 없었다. 시간이 지나 손이 거칠어져가고 굳은살이 박이면서 주부습진이 없어졌다. 그 대신 매끄럽고 젊던 손이 건조하고 투박한 손이 되면서 세월의 흔적이 남았다.

앞서 말했듯, 미국의 집에서는 청소를 할 때 상대적으로 물을 많이 쓰지 않는 편이었지만, 그렇다고 해서 어머니들의 고충이 덜한 것은 아니었다. 카펫 청소기를 좀 가져다 달라는 목사님 부인의 말에 처음 청소기를 들어보고 깜짝 놀랐다. 나와 체격이 비슷한 그녀가 청소기를 어깨에 메고 일층과 이층을 쉽게 왔다 갔다 하는 것을 봐서 나도 손쉽게 들 줄 알았다. 하지만 그 자리에서 들기도 버거웠다. 그 무거운 것을 들고 하루에도 여러 번 장소를 옮기며 청소했던 것이다. 그녀의 고질병이었던 어깨결림과 허리통증의 원인이 무거운 진공청소기라는 생각이 들었다.

프란시스코 고야의 판화집 〈로스 카프리초스〉(1793~1799)에 실린
〈예쁜 선생님 *Linda maestra*〉은 빗자루를 타고 날아가는 마녀들을
나타내고 있다.

정도의 차이는 있지만 동서양 대부분의 나라에서 집안일은 주로 여성의 몫이라고 인식되어왔다. 특히 가부장제 사회에서 남성이 밖에서 자신의 발전을 도모하는 데 비해, 집안일은 개인의 사회적 발전과는 무관한 부차적인 일로 인식되며 여성의 임무로 규정되었다. 청소는 재충전과 휴식, 개인적 삶의 주된 장소를 관리하는 중요한 일인데도 비하되어 왔다. 직업으로서의 청소부도 마찬가지였다. 조직화되어 규모가 커지고 복지에 대한 개념도 달라진 현재는 고정관념이 희석되었지만, 과거에는 타인의 쓰레기를 다룬다는 점에서 특별한 이유 없이 비하되기도 했다. '철학자가 된 청소부', '성자가 된 청소부' 등 청소부가 제목에 들어간 서적은 전 세계 문화권에 다수 있는데, 이 책들의 제목에서 청소부 자리에 다른 직업이 들어가면 기존의 극적인 느낌이 줄어들 것이다. 이는 어렵고 고된 청소라는 행위가 철학적이거나 종교적인 특성을 내포해서라기보다, 청소부라는 직업이 사회적으로 가장 아래에 위치한다고 인식되었기 때문이다.

사회적 위치가 낮은 사람을 아무런 이유 없이 나쁘고 무서운 것과 관련짓는 일들이 있다. 조선시대 유교사상이 들어오면서 남성과 여성의 위치에 차별이 생겼는데, 이에 따라 인간이 아닌 존재들에 대한 통념도 바뀌게 된다. 고려시대에 성별이 부각되지 않는 도깨비가 있었다면, 조선시대에는 죽어서도 이승을 못 떠나는 무서운 혼령을 '처녀귀신'이 대표했다. 성별이 생긴 것이다. 서양의 경우도 그러하다. 주술을 쓰며 선량한 사람들에게 나쁜 짓을 하는 이들을 여성으로 한정 지어 '마녀'라고 일컬었다. 서양의 마녀는 중세시대 후반부터 르네상스까지 종교개혁 시대의 산물로, 남성과 여성의 관계에서 권력이 낮은 성별인 여성에게 드리웠다. 특히 여성과 청소를 결부해 비하하던 특징은 서양 마녀의 모습에도 나타난다. 이때 상징되었던 마녀들은 대개 빗자루를 타고 다녔다.

당시 기록에는 마녀가 빗자루에 연고를 바른 후 옷을 벗고 그 위에 올라타 음탕한 짓을 했다고 나온다. 15세기 역사가 요르다네스가 1460년경 기록한 것을 보면 '마녀는 밤낮을 가리지 않고 빗자루의 막대기에 연고를 바르고는 이를 타고 지정된 장소로 달려갔으며, 그 외에도 연고를 겨드랑이나 사타구니에 직접 바르기도 했다고 고백했다'라고 나와 있다. 18세기 말에 수많은 사람을 마녀로 몰아 죽인 재판관 앙리 보게는 '마녀가 고백한 바에 따르면 악마들의 잔치에 가기 위해 흰 막대기를 넓적다리 사이에 끼우고 주문을 외우면 몸이 떠올라 날아갈 수 있었다'라고 기술했다. 그러나 이들은 사실 고백이 아니라, 주로 교육을 받지 못해 지식이 없던 과부들을 잔인하게 고문하고 받은 억지 자백이었다. 또한 마녀로 몰린 이들은 판사를 비롯해 법정에 필요한 사람들의 임금뿐만 아니라 자신을 고문하는 사람들에게까지 비용을 줘야 했다. 법정에서 판사가 '내일은 물고문을 할 예정이니 당신을 물고문할 사람에게 미리 얼마를 내라'라고 판결했을 때 아무 죄 없고 게다가 돈을 모으기 위해 아껴가며 열심히 일한 여성들이 얼마나 억울했을지 상상도 가지 않는다. 지금이야 판타지 동화책 등에서 빗자루를 타고 다니는 마녀는 짓궂은 짓을 저지르는 인물로 가볍게 묘사되지만, 그 기원은 권력자들이 자신의 무능력을 숨기기 위해 가장 힘없는 계층에게 사회의 모든 악의

근원을 덮어씌운 비극이었다. 낮은 계층의 여성들에게 청소는 임무였으므로 그들은 빗자루를 자주 사용할 수밖에 없었다. 힘없는 여성들이 쓰는 청소 도구를 가지고 이야기를 만들어내 재산을 몰수한 후 고문하고 화형까지 했던 잔인함은 사회의 약자들을 향한 역사적 만행이었다.

구글에서 '걸레'라는 단어를 검색하면 성인인증을 하지 않았을 때는 볼 수 있는 결과가 제한된다. 더러운 것을 닦아내는 천 조각을 뜻하는 걸레가 성적으로 문란한 사람을 뜻하는 속어로도 쓰이기 때문이다. 특히 문란한 '여성'을 가리키는 경우가 많다.

청소를 여성의 특징으로 규정하고 청소용품인 걸레에 속된 의미를 부여해 문란한 여성을 걸레로 표현하는 데는 여성을 비하하는 의도가 포함되어 있다. 한 국회의원이 다른 정치인의 행보를 비난하는 의미로 걸레라는 단어를 써서 여성 비하 논란이 있었던 적이 있다. 그 의원은 "두세 번 시집갔다 과부가 된 걸레"라는 표현으로 논란이 일자 "때가 많이 묻은 사람을 표현했던 것"이라고 사과했다. 하지만 걸레라는

구글에서 성인인증을 하지 않고 '걸레'라는 단어를 검색하면 볼 수 있는 결과가 제한된다.

단어를 나쁜 의도로 사용하는 자체가 나는 여전히 꺼림칙하다. 걸레의 때는 다른 것을 깨끗하게 닦아주다 생기는 것이다. 걸레는 삶에 긍정적인 결과를 주는 도구이다. 다른 곳을 닦기 위해 걸레처럼 일했다면 나쁠 것이 없다.

현재도 청소를 여성의 일로 인식하는 경우가 많다. 어느 기자가 집안일 하던 여성들을 '알파걸'이라는 말로 유혹해 사회에서 일까지 하게 만든 것은 업무에 지친 영악한 남성들이라고 말한 적이 있는데, 어느 정도 사실일 수도 있다는 생각을 했다. 미국의 시장점유율 1위인 집 청소 전문회사 〈메리메이드〉의 텔레비전 광고를 보면, 직장일을 마치고 퇴근한 여성이 깨끗해진 집을 보고 소리를 지른다. 청소를 하던 메리메이드 직원들이 그 소리에 깜짝 놀라자 집주인인 여성이 일을 너무 잘했다고 말하며 기뻐한다. 그 회사 직원들이 청소를 하지 않았다면 밖에서 일을 마치고 돌아온 여성이 해야만 했던 것으로 보인다. 물론 청소는 앞서 언급했듯 주변을 깨끗하게 만들어주는 가치 있는 일이고 정신적으로나 육체적으로 많은 이점이 있지만, 그 일을 어느 한쪽의 의무로 규정하고 책임 지우는 것은 또 다른 문제다.

성공 스토리가 영화로 만들어지기도 했던 미국의 CEO 조이 망가노나 한국의 한경희 대표가 가정용 청소 도구로 시작해 사업에 성공한 것은 같은 여성으로서 청소용품을 주로 사용하는 여성 소비자에게 공감할 수 있었기 때문이다.

청소 끝에
철학

집 청소 전문업체 〈메리메이드〉의 TV 광고.

　　남자 연예인들과 그 어머니들이 나오는 예능 프로그램이 있다. 그중
한 어머니가 걸레질을 하면서 그렇게 욕을 한다며 사회자가 장난치듯
이야기했다. 그러면서 덧붙이기를, 걸레질할 때 하는 욕은 욕처럼 들리
지 않는다고 말했다. 실제로 우리 어머니들은 남편이나 자식들이 속을
썩이면 우선 회사와 학교로 말없이 보내고 나서 꾹 참았던 짜증을 청소

에 쏟았다. 듣는 사람은 없지만, 바닥을 박박 닦으면서 불평을 토로했다. 그렇게 한바탕 쏟아붓고 나서 깨끗해진 집을 보면 화도 잠시 누그러지는 듯싶다. 그리고 이내 또 장을 보러 나갔다. 걸레질을 할 때 나오는 어머니들의 욕은 상스럽기는커녕 안쓰럽고 그것을 들어주지 못해 미안하기도 하다.

청소의 기준

먹다 떨어진 과자를 주워서 먹는 것이 전혀 이상하지 않을 만큼 깨끗한 우리의 방바닥에 비해 미국의 방바닥은 그렇지 않다. 그들의 생활은 바닥에 몸의 대부분을 접촉하는 방식이 아니기 때문에 바닥의 청결을 최우선으로 하지 않는다. 침대나 식탁, 의자처럼 가구와 닿는 시간이 압도적이며 잠을 잘 때나 식사를 할 때나 먼지가 떨어진 바닥과는 거리를 두게 된다.

　또 서양에서 가구는 공간을 메워주는 반면 우리에게 가구는 공간을 차지한다. 미국인 친구 집에 놀러 갔을 때 마침 그녀가 주문한 1인용 소파가 배달되었다. 그녀는 배달된 소파를 거실의 중간쯤에 배치했다. 왜 그렇게 어정쩡한 위치에 두느냐고 물어봤더니 그 위치에 앉는 것이 가장 편해서라고 했다. 소파든 책상이든 집 안의 모든 가구를 벽에 딱 붙여 배치하는 우리와 달리, 그들이 공간을 활용할 때 가구를 놓는 기준은 자신의 개인적인 특성에 기인했다. 한국에서는 친구나 친척의 집을 방문했을 때 자연스럽게 거실의 소파로 가서 앉아 기다렸지만, 미국의 가정집에 들어서면 그들만의 생활 형태에 맞추어 공간이 구성되었다는 인상을 먼저 받아 자리를 지정해주기 전까지는 함부로 앉기가 어려웠다.

이러한 차이는 가구를 구매할 때도 자연스럽게 반영된다. 대학 시절 내 방에 놓을 작은 책꽂이를 찾다가 이대 근처의 가구점에서 우연히 발견한 독특한 모양의 책꽂이를 구매해서 집에 가져왔다. 가족들은 그 책꽂이를 보자마자 이거 어떻게 청소하려고 하느냐며 핀잔을 주었다. 우리의 청소 방법은 주로 물걸레질이어서 복잡한 모양의 가구, 예를 들면 손이 닿기 어려운 작은 구멍이나 조각이 있는 것은 청소가 힘들다. 내 나름대로 배치해놓은 것을 보고도 쓸데없이 공간만 많이 차지한다며 잘못 사 왔다고 한마디씩 하는 것이었다. 한쪽 벽에 딱 붙여서 배열하지 못하는 독특한 모양은 기피된다. 좌식생활에서는 주된 활동이 가구가 놓이지 않은 빈 공간에서 이뤄지기 때문에 그런 가구는 '자리만 차지한다'고 인식되는 것이다. 작은 액자를 여러 개 걸거나 작은 장식품들을 테이블에 넓게 펼쳐놓는 것도 마찬가지다. 먼지만 떨어내는 경우는 힘들지 않게 청소할 수 있지만, 물걸레로 닦으려면 청소하기 어렵다.

청소를 해놓지 않으면 어느 나라든 부모님에게 꾸중을 듣는다. 어릴 적 청소를 하지 않아 지저분해진 내 방을 보고 엄마가 핀잔을 줄 때 가장 많이 하는 말은 "누가 와서 보면…"이었다. "누가 와서 보면 욕하겠다"거나 "다른 사람이 와서 보면 이게 뭐냐 하겠네"라는 식이었다. 친한 친구 몇 명을 빼고는 내 방을 찾아오는 사람이 있지도 않았는데 말이다. 무엇보다 침대 위에 어질러진 이불은 일순위로 정리해야 했다. 밖으로 빠져 있던 의자도 책상 안으로 밀어 넣어, 올 기약도 없는 누군가를 위한 공간을 만들어놓아야 했다.

미국에서 살 때도 아래층의 엄마와 아이들이 청소 때문에 다투는 소리가 나곤 했다. 그런데 청소를 안 한 데 대한 꾸중의 방향이 우리와 달랐다. 지저분한 방을 본 엄마는 아이들에게 "이러면 알레르기가 심해진다" 또는 "나중에 물건 찾을 때 어떻게 찾으려고 하느냐"라고 말했다. 한번은 내가 그 아이들에게 그림을 가르쳐주기 위해 내려갔을 때 정리가 안 된 방을 보고, 어릴 적 내가 듣던 버릇대로 "누가 와서 보면 어떻

온돌방 한구석에 정갈하게 개어놓은 이불.

청소 끝에
철학

게 하려고 그래?"라고 말했다. 그러자 아이들은 "누가 와요?" "그 사람이 오늘 내 방에서 잔대요?" 하고 진지하게 물어봤다. 우리에게 집은 혼자가 아닌 여럿을 위한 공간이어서, 누군가 방문했을 때는 그 '손님'을 우선하는 것이 당연시된다. 그래서 꿈을 풀이할 때도 청소하는 꿈은 일반적으로 먼 곳에서 손님이 오는 것으로 해석한다.

개인적 공간은 가장 자연스러운 본연의 모습을 드러낸다. 체취가 남아 있는 그대로의 집을 보면 주인의 생활을 예측할 수 있다. 그래서 집을 방문하는 우리나라 TV 프로그램을 보면 집주인들은 타인이 왔을 때 자신의 평소 생활을 예측할 수 없도록 정돈된 가구와 정리된 소품을 보여준다. 생활을 그대로 드러내는 것은 예의가 아니며, 손님이 불편해하지 않도록 적당히 꾸미는 것이 예의라고 생각하는 것이다.

반면 미국에서의 집은 완벽하게 개인적인 공간이다. 가구 배치부터 조명 선택까지 모두 개인적인 생활 동선을 고려한다. 학교나 사무실에서 사용하는 밝은 백색의 형광등이 아닌, 에너지 효율은 떨어지지만 조도가 낮아 따뜻한 느낌을 주는 백열등을 주된 조명으로 사용한다. 초를 켜는 것도 즐긴다. 집 안의 조명은 일을 하기 위한 빛이 아니기 때문에 포근한 분위기를 만들어 일터와의 차이를 드러낸다.

집은 나를 위한 장소로 취향과 생활이 담겨 있다. 특히 침실은 가장 개인적인 장소이기 때문에 꾸미지 않은 그대로의 모습을 보여줄 수 있다. 그래서 로버트 라우션버그나 펠릭스 곤살레스 토레스 등 많은 현대

예술작가의 오브제로 사용되어왔다. 설치미술가 트레이시 에민의 작품인 〈내 침대My Bed〉는 영국 런던의 크리스티 경매에서 40억 원이 넘는 가격에 판매됐다. 이 작품은 그녀가 힘들게 보냈던 나흘간의 모습을 그대로 보여준다. 정리가 안 된 침대보와 술병, 빨지 않은 바지, 음식 부스러기, 콘돔과 여성 피임약이 널려 있는 침대는 인간의 절망과 외로움을 절묘하게 표현했다는 평을 들으며 영국 최고 권위의 미술상인 터너상 최종 후보에 올랐다.

청소 끝에 내려놓다

청소와 무無

비어 있었음을 인식하다

어릴 적 언니와 집안일을 나누어 할 때 언니는 설거지를, 나는 청소를 선호했다. 둘은 서로를 전혀 이해하지 못했다. 언니는 한군데에서 움직이지 않아도 되고 상대적으로 에너지 소모가 적은 설거지를 포기하고 무릎을 꿇은 채 불편한 자세로 여기저기 움직이면서 물걸레로 방을 훔치는 나를 이해 못하면서 내심 다행이라 생각했다. 반면 나는 언니가 나중에 바꿔달라고 하면 어쩌나 걱정될 만큼 설거지보다 청소가 나았다. 설거지는 해야 할 양이 명확하게 정해져 있지만, 청소는 나의 기분에 따라 어떤 때는 바닥은 물론 가구에 먼지 하나 없이 꼼꼼하게, 또 어떤 때는 바닥의 먼지만 닦아낸다는 기분으로 대충 설렁설렁 할 수 있었다. 고무장갑을 끼고 세제를 짠 수세미를 든 이상 끝을 봐야 하는 설거지보다, 내가 '정도'를 선택할 수 있고, 하다가 중간에 쉴 수도 있는 청소가 좋았다.

무엇보다 청소가 기분 좋은 이유 중 하나는 쉽게 '만족'할 수 있다는 것이다. 이전보다 깨끗해진 상태를 바로 확인할 수 있고, 청소로 깨끗해진 결과는 공간을 사용하는 구성원들의 심경에도 영향을 준다. 옷가지나 아이들 장난감 등 여기저기 어질러진 물건들만 제자리에 놓아도 평화로워지기 시작한다. '가득 찰 만滿'에 '넉넉할 족足'이 더해진 '만족'은 채워졌다는 의미로, 이를 느끼기 위해서는 기존의 '비어 있음'을 인식해야 한다. 비었던 상태를 먼저 인식해야만, 즉 차이를 인식해야만 채워졌음을 느낄 수 있다.

반대로, 빈 상태를 보았을 때 그동안 채워져 있었음을 인식하게 되어 만족하기도 한다. 비어 있는 모습을 보면 내가 그동안에는 못 느꼈지만 이만큼 누리고 있었다는 걸 깨닫기 때문이다. 안압 조절이 안 돼서 눈에 작은 튜브를 넣는 수술을 받아야 했다. 수술을 하기 전에 주변 사람들이 위로와 힘을 주기 위해 괜찮을 거라고 한마디씩 했지만 그리 위안이 되지는 않았다. 괜스레 걱정이 되고 남들은 안 하는 수술을 내가 하는 것 같아 뭔가 억울하고 불만족스러운 느낌만 지속되었다. 그러던 중 동생의 한마디가 크게 위안이 되었다. "우리 나이는 지금 죽어도 요절은 아니야." 이 말은 내가 지금까지 별 탈 없이 잘 살아온 것을 깨우쳐주었다.

여행의 역사가 우리보다 긴 서구의 유럽에서 한때 가장 여행 가고 싶은 나라로 꼽히는 부동의 1위는 인도였다. 당시 인도는 치안이 좋지 않고 공중위생 상태가 검증되지 않아 위험할 수 있는 곳이어서 그들의 인도 여행에 대한 열망이 의아했다. 그러던 중 한 여행잡지에서 인도를 여행한 유럽인의 인터뷰를 읽게 되었다. 그는 인도 여행 중 시원한 코카콜라가 마시고 싶었지만 구하기 힘들었다. 겨우 구한 콜라도 시원하지 않거나 탄산이 빠진 것이어서 여행 내내 갈망만 하다가, 여행 막바지에는 시원한 콜라를 마시는 꿈까지 꿨다고 했다. 한 달 뒤에 그는 집에 돌아오자마자 냉장고에서 시원한 콜라를 꺼내 벌컥벌컥 마시면서 근래 못 느끼던 만족감과 행복을 느꼈다. 그들은 여행 자체보다 여행을 통해 일상에서 잊고 살던 소중함을 느끼고 싶어 했으며, 너무나 당연해서 못 느꼈던 일상의 안전을 느끼기 위해 위험한 도전을 하기도 했다. 이렇게 만족은 구체적 상황이 아니라 주관적 감정이다. 같은 상황이라도 만족을 느낄 수도, 전혀 못 느낄 수도 있다.

디스커버리 채널에서 한 등산가가 등정에 성공한 장면을 보았다. 그간의 힘든 여정을 보여주듯 그의 얼굴은 꺼멓게 그을렸고 수염도 덥수룩했다. 감격한 그의 모습 뒤로 등반을 도와주기 위해 고용된 듯한 현지 주민의 모습이 보였다. 최신 장비로 무장한 등산가와 달리 가벼운 옷차림에 나무막대기를 들고 서 있는 젊은이였다. 그 젊은이를 보니 무거운 카메라를 메고 등산가와 함께 올라와서 그 상황을 촬영하고 있을 카메라맨도 상상할 수 있었다. 그렇다고 그 등산가의 감격을 이해할 수 없었던 것은 아니다. 왜 에베레스트산에 오르려 하느냐는 기자의 질문에 "산이 거기 있어서"라고 답한 영국의 등산가 조지 맬러리의 말이 성의 없게 들리지 않는 것은, 힘겹게 산에 오르는 이유가 타인의 이해를 구해야 하는 객관적 목적에 있지 않기 때문이다. 누구나 수긍할 수 있는 타당한 이유가 존재할 리 없는, 개인의 만족일 뿐이다.

등산가들의 등정은 객관적인 기록을 위한 것도 아니다. 가장 오르기 힘든 산인 에베레스트의 개인 최다 등정 기록은 12회로, 네팔의 셰르파인 아파가 가지고 있다. 또한 최단 시간 등정을 기록한 사람은 네팔의 셰르파 바부 치리이다. 그는 에베레스트 정상에서 산소 기구를 사용하지 않은 채 가장 오랜 시간을 머문 기록도 가지고 있다. 단독 등반

기록도 역시 네팔의 셰르파 가지가 가지고 있다. 에베레스트 등정과 관련한 기록을 갖고 있는 이들은 대부분 동부 히말라야 산속에 사는 티베트계의 사람들로, 히말라야 등반대의 짐을 나르고 길을 안내하는 일을 직업으로 하는 셰르파인 것이다. 히말라야에 거주하지 않는 등산가들이 역사적인 기록을 남기는 게 목적이었다면 셰르파를 고용하지 않았을 것이다.

세계 최초의 에베레스트 등정 기록은 1953년 네팔 출신의 셰르파 텐징 노르가이와 뉴질랜드 산악인 에드먼드 힐러리가 보유한 것으로 되어 있다. 두 사람은 팀으로 움직였지만 지쳐서 뒤로 처진 힐러리와 달리 텐징 노르가이는 이미 정상 가까이 도달해 있었다. 하지만 힐러리가 올 때까지 30분을 넘게 기다려서 정상에 함께 도달했다.

세계 최초 에베레스트 등정 기록 보유자인 에드먼드 힐러리와 텐징 노르가이.

나라마다 다양한 방법으로 한 해의 시작을 기념한다. 일본에서는 한 해를 마무리하며 새해를 맞이하는 날인 12월 31일에 전국적으로 대청소를 한다. 우리나라는 새해에 떠오르는 첫 태양을 가까이에서 보기 위해 바닷가나 산을 가는 경우가 많다. 새로운 시작을 위해 마음을 다잡고 새벽에 일어나 등산을 하는데 정상을 앞두고 감격이 밀려오는 도중, 무거운 고무대야를 이고 온 김밥 장수를 보고 감격을 가라앉히거나 희석시킬 필요는 없다. 모든 도전은 주관적인 것으로, 이전의 자신의 상태와 비교하는 것이지, 주변에 좌지우지되는 것이 아니다. 일상의 변화를 추구하는 모든 행동은 개인의 만족을 위한 시도이다.

이미 채운 것을 돌아보는 힘

어릴 때 본 오래된 외화에, 여전히 열정이 충만하지만 성취할 대상이 없어 삶의 공허함을 느끼는 백만장자 주인공이 있었다. 그는 재산을 일굴 때 느꼈던 만족감을 다시 느끼기 위해 재산 대부분을 수표에 기재하고 그 수표를 거지에게 준다. 하지만 예상과는 다르게, 무엇을 해도 젊었을 때 느끼던 만족을 얻을 수 없었다. 다시 비우면 쉽게 채울 수 있다고 생각했지만 그간의 경험 때문에 만족되지 않았던 것이다.

2012년 출간된 영국 소설 《미 비포 유》에도 부유한 집안의 잘생기고 능력 있는 젊은 남성이 나온다. 만능 스포츠맨이기도 했던 그는 사고로 전신마비가 되는데, 소설은 그가 안락사를 선택하는 것으로 끝난다. 인

조조 모예스, 《미 비포 유》, 2012.

간의 심리에 자세하게 접근하기보다는 가볍게 다가가는 소설이지만, 유럽에서 크게 인기를 끌며 베스트셀러가 됐던 것은, 열정이 가득하고 다양한 경험을 해왔던 주인공이 더 이상 삶에 만족하기 힘든 상황에서 죽음을 결정한 것이 공감을 불러일으켰기 때문이다.

자신에게는 별다른 감흥을 주지 않는 것이지만 다른 사람이 그것을 받고 기뻐하는 모습을 보면 만족감이 든다. 그래서 수많은 드라마에서 모든 것을 가진 왕자님 같은 캐릭터가 가난한 '캔디'형 여성에게 반하는 내용이 나오는 것 아닐까. 더 이상 세상에서 만족감을 잘 느끼지 못하는 남성이 작은 것에도 즐거워하는 여성을 만났을 때, 그 여성을 사랑하는 것이 자신이 다시 '만족감'을 느끼는 방법이어서 뇌가 자연스럽게 사랑에 빠지도록 유도하는 것은 아닐까 싶다.

청소 끝에
철학

인간이 느끼는 감정의 대부분은 상태보다 과정에서 온다. 사람은 변화, 즉 에너지를 느낄 때 반응한다. 만족감에서 오는 행복도, 상실감에 의한 슬픔도 '변화'에서 오는 것은 마찬가지다. 여름에 한창 더울 때 하는 등목의 희열은 뜨거웠던 몸의 열기가 급격히 식는 '순간', 온도가 떨어지는 '순간'에 느낀다. 시원해진 상태보다 시원해지는 과정에서 느끼는 것이다. 차이가 확연하게 느껴지는 자극이기 때문이다.

청소의 희열도 이와 비슷하다. 세제의 강력한 효과를 보여주기 위한 광고에서, 곰팡이가 잔뜩 낀 욕실의 오물이 한순간에 씻겨나가는 장면은 넋을 놓고 쳐다보게 된다. 이미 깨끗한 상태의 욕실을 볼 때는 별다른 감흥이 없지만, 바닥의 찌든 때와 곰팡이가 씻겨나가는 과정을 지켜볼 때는 쾌감이 느껴진다. 즉, 깨끗한 것보다 깨끗해'지는' 것을 볼 때 기분이 좋아진다. 게다가 효과가 뛰어난 각종 세제들이 출시되면서 때가 벗겨지는 순간이 더욱 극적으로 만들어진다.

우리나라는 1966년 럭키화학(현 LG화학)이 국내 최초의 합성세제인 '하이타이'를 분말세제 형태로 출시하였고, 이후 2005년 피죤에서 국내 첫 액체세제인 '액츠'가 출시되었다. 과거에는 이러한 세탁용 세제로 욕실 청소까지 했지만 현재는 욕실 청소만을 위한 세제도 다양하게 나오고 있다. 그러니 세제로 박박 닦은 욕실에 거의 만족하지 못한다면 적어도 세제 탓은 아니다.

변화하는 순간만 느끼고 '결과'의 상태를 누리지 못한다면 만족감은 줄어들 수밖에 없다. 변화하는 순간은 이후 지속되는 상태보다 짧기 때

국내 최초의 분말세제 '하이타이', 1966.

문이다. 또 변화의 순간은 굳이 의식하지 않아도 느껴지지만, 결과에는 익숙해지기 쉬워 감흥이 줄어든다. 청소도 그렇다. 공간이 깨끗해진 결과를 충분히 인식하지 못하면 지저분해지는 것만 눈에 들어온다. 변화의 순간이 가져다주는 짜릿한 쾌감도 좋지만 그 이후의 상태를 충분히 누리는 태도는 삶의 만족도를 높이는 데 효과적이다. 익숙해져서 체감하지 못하고 있던 부분을 인식한다면 만족감은 지속될 수 있다.

볼 때마다 "…해야 하는데"라는 말을 입에 달고 사는 친구가 있다. 매사 부지런하고 바쁘게 사는 그를 우연히 길에서 만났다. 집이 바로 앞이라며 차 한잔하고 가라는 친구의 말에 마침 시간 여유가 있어 잠시 들렀다. 엘리베이터에서 친구는 청소를 해야 하는데 못했다며 집이 지저분할 거라고 했다. 그런데 막상 들어가보니 마치 모델하우스처럼 깨끗했다. 집이 깨끗하다고 말했더니 손을 휘휘 저으면서 아니라고, 청소해야 하는데 못했다는 것이었다. 도대체 얼마만큼 청소해야 깨끗하다고 생각할까 궁금했다. 차를 마시는 중에도 계속 자신의 게으름을 자책하길래 어디가 그렇게 지저분하게 느껴지느냐고 물었더니, 지저분한 곳을 말하기보다 오늘 자신이 청소를 하지 않은 것만 지적했다. 자책의 이유는 집이 지저분하다는 것이 아니라 하루 동안의 의무인 청소를 하지 않았다는 사실에 있었다. 친구는 집의 '깨끗한 상태'를 인식하지 못하는 듯했다. 집의 깨끗함에 대한 기준이 나와 다른가 생각해보기도 했지만, "매일 청소를 해도 금세 더러워진다"는 친구의 말은 현재의 깨끗한 상태보다 아직 일어나지도 않은 앞으로의 상황에 청소의 초점을 맞추고 있었다.

비움으로써 다시 채우는 힘

일본의 애니메이션 감독 미야자키 하야오의 〈하울의 움직이는 성〉에는 저주에 걸려 할머니로 변한 어린 소녀 소피가 나온다. 소피는 마법사 하울의 움직이는 성의 청소부로 일하게 된다. "아름답지 않으면 살 의미가 없어"라며 머리카락의 색이 바뀐 것에 대해서도 크게 좌절하는 하울에 비해, 노파가 되었지만 씩씩하게 청소를 하는 소피는 "노인의 좋은 점은 잃을 게 적다는 거구나"라며 좌절하지 않는다.

영화 〈하울의 움직이는 성〉, 2004.

만족은 현재 얼마만큼 가지고 있느냐에 따라 결정되는 감정이 아니라 자신이 주관적으로 느끼는 감정이다. 넉넉한 재산과 건강한 신체를 가지고 있음에도 만족하지 못하는 사람들을 볼 때면, 내가 만약 저 위치와 상황이라면 세상이 행복하게 보일 텐데 왜 굳이 저렇게 행동하는지 의아할 수 있다. 그러나 다른 사람의 눈에는 나 또한 그렇게 보일 수 있다. 또 과거에 있었던 일들을 지금 돌이켜보면 왜 그 당시 만족하지 못했나 하는 생각이 들기도 한다.

아버지가 즐겨 보는 TV 프로그램 중에 〈나는 자연인이다〉라는 것이 있다. 서로 취향이 달라, 아버지가 TV를 보고 계시면 일반적으로 나는 딴짓을 하게 되는데 이 프로그램만큼은 함께 집중해서 본다. 여기에는 깊숙한 산에서 혼자 생활하는 사람들이 나온다. 이들은 처음부터 산에서 살았던 것이 아니라 대부분 도시에서 왔는데, 인간관계에서 상처받았거나 현대의 의술로는 더 이상 병을 고칠 방법이 없어 자연 치유에 의지하는 사람들이다. 출연자마다 차이는 있지만 10년이 훌쩍 넘도록 산에서 생활한 '자연인'이 많다. 자연인들의 집은 대부분 청소가 잘되어 있다. 기본적으로 삶의 터전을 완전히 바꾸는 결정을 할 만큼 열정이 있던 사람들이며, 혼자 하는 생활에서는 자신이 하지 않으면 누구도 해주지 않는다는 것을 알기 때문에 부지런함이 몸에 배어 있다.

그들이 집에서 사용하는 도구들은 상당히 오래되었다. 물건에는 사람의 버릇이 남기 때문에 일반적으로 여럿이 사용하면 빨리 상하고 혼자서 사용하면 보다 오래 사용할 수 있다. 렌터카가 수명이 짧은 것도 자신의 것처럼 소중하게 다루지 않아서라기보다 운전 습관이 다른 다양한 사람이 사용하기 때문이다. 산에 사는 자연인들의 집이 잘 정리된 느낌을 주는 것은 물건들이 저마다 제자리에 있다는 인상 때문이기도 하다. 그들은 자신이 생활하기 수월하도록 물건들을 배치했고 오랜 시간 동안 공간을 그대로 유지했다.

자연인들은 도시에서의 삶을 정리하고 또 다른 흔적을 남기기보다, 흔적을 지우기 수월한 산으로 혼자 올라왔다. 삶에서 흔적을 지우는 것은 남기는 것과 상반된 태도로 보이지만, 지우는 것 역시 지속적으로 나를 되돌아보며 찾는 과정이다. 즉, 끊임없이 나의 흔적을 지우는 것은 끊임없이 나의 존재감을 확인하는 것과 같다. 그래서 흔적을 지우는 데는 남기는 것만큼 노력이 필요하며 그렇기 때문에 이를 통해 에너지를 얻는다. 자연인들은 비움에서 에너지를 얻으며 살아갈 수 있었다. 도시에서 큰돈을 잃고, 인간관계에서 지친 심신을 달래고자 산을 찾은 한 자연인은 "옛날보다 지금 물질적으로 풍요롭지는 않으실 텐데…"라는 진행자의 말에 "없어서 행복하다니까. 없으니깐 행복해"라며 활짝 웃었다.

자연인들의 편안함을 다음과 같은 상황에 비유할 수 있을지도 모르겠다. 친구와 길을 걷다가 저만치 보이는 건널목을 건너야 했다. 그때 마침 신호등이 파란불로 바뀌는 것이 보였다. 나도 모르게 서둘러야겠다고 생각하는데 친구가 차라리 더 천천히 가자고 했다. 우리가 건널목에 도착해 막 건너려는 순간 파란불이 깜박이면 뛰어야 할지 다음 신호를 기다려야 할지 결정해야 하지만, 이미 빨간불로 바뀌어서 어차피 못 건너는 상황이라면 자연스레 다음 신호를 기다리면 되기 때문에 마음 편하다는 것이다. 때로는 이미 지나간 기회에 대하여 허무함이나 안타까움보다 편안함과 여유가 생기면서 만족감이 느껴지기도 한다.

이와 비슷한 만족감을 청소를 하다가도 느꼈다. 언젠가 외국 여행에서 값비싼 유리공예제품을 사 왔다. 장식장의 맨 위칸에 있던 물건들을 아래칸들의 빈 공간에 나눠 넣은 다음, 그 공예품을 올려두었다. 떨어질까 조심스러워 처음에는 청소하기 불편했지만 반짝거리는 정교한 장식을 볼 때면 뿌듯했다. 몇 년이 지나고 나서는 청소도 몸에 배어 익숙해졌다.

언젠가 외국 여행을 갔다 사 온 값비싼 유리공예품.

그런데 어느 날 장식장 뒤로 넘어간 메모지를 찾다가, 가장 높은 위치에서 아름답게 빛나던 그것이 앞으로 떨어지면서 깨지고 말았다. 아쉽고 안타까웠지만, 몇 년 만에 텅 빈 장식장 맨 위칸을 물걸레로 휙휙 닦으면서 전에 없던 자유로움을 느꼈다. 그리고 아래칸들로 내려갔던 시계와 액자 등을 다시 올리고 나니 전반적으로 널찍하게 진열할 수 있어서, 무작정 채워놓지 않고 신경 써서 배치할 수 있었다. 무엇보다 장식장을 청소할 때 조심할 필요가 없으니 청소가 한결 수월했다.

어렸을 때 읽었던 동화 중 아버지가 세 아들에게 각각 십 달러를 주고 방을 채울 수 있는 물건을 구해 오라는 이야기가 있었다. 첫째와 둘째는 가격이 저렴하면서 부피가 큰 것을 고르기 위해 애썼다. 하지만 커다란 방을 채우기에는 그 어떠한 것도 부족했다. 셋째는 물건을 구하던 중에 한 노파를 도와주느라 가진 돈과 주어진 시간을 거의 다 쓰고, 급하게 돌아오는 길에 작은 양초를 하나 샀다. 허겁지겁 서둘렀지만 이미 해가 떨어진 뒤에야 집에 도착했다. 그때 셋째가 가지고 온 초를 켜자, 방 한가득 빛이 채워지면서 어둠에 묻혔던 방이 환하게 밝아졌다는 내용이었다. 그 책을 읽으면서 나라면 무엇을 샀을까 고민했다. 내가 그들 중 한 명이었다면 무엇을 구매할까 고심하기보다 빈방을 깨끗하게 청소해 놓았을 것이다. 어질러진 물건들을 정돈하고 먼지 하나 없이 물걸레질을 한 후 외출한 아버지와 형제들을 기분 좋게 맞이했을 거라고 생각했다. 이것저것 버리고 말끔하게 청소를 하고 나면 집이 오히려 꽉 채워진 느낌이 들기 때문이다. 먼지를 떨고 걸레질을 하다 보면, 꽤 오래되었지만 여전히 작동이 잘되는 라디오부터 나보다 더 오래 세상에 머물 것 같은 견고한 가구들까지, 제 역할을 하고 있는 존재들이 명확히 드러난다. 그래서 청소로 정돈된 집은 단단해 보인다.

나중에 사용할 것도 아니면서 괜히 버리지 못한 물건들은 시간이 해결해주는 경우가 많다. 방 한곳에 모아놓은 서류를 쓰레기라고 생각한 어머니가 내가 없을 때 청소하면서 한꺼번에 버렸던 적이 있다. 나중에 이력서를 낼 때 증거자료로 필요할 듯한 상장 등을 모아놓은 것이어서, 크게 짜증을 냈다. 하지만 지금 생각해보면 별로 쓸모가 없는 자료들이었다. 어머니가 버리지 않았더라도 몇 년 후에 내가 버렸을 것이다. 나중에 필요할 것 같아 버리지 못했던 많은 것이 시간이 지나 적소성適

所性이 없다는 것을 확신하게 되면서 자연스럽게 버려졌다. 이후 하나하나 버리면서 공허함보다는 자유로움을 느끼게 됐다. 나이가 들면서 '쓸모'의 많은 부분이 나의 집착에서 왔다는 것을 알게 되었기 때문이다.

해방감은 포기를 '선택'하면서 얻게 된다. 포기를 선택하는 것은 주체적인 삶의 방법으로, 집착해서 얻는 것보다 열등하지 않다. 샤키야족의 왕인 아버지와 코살라 왕국의 공주인 어머니 사이에서 태어난 왕자 고타마 싯다르타는 영원히 번뇌를 끊고자 자신이 가진 것 모두를 버리고 출가했다. 싯다르타의 출가를 '마하비닛카마나Mahabbinikkhamana'라고 부르는데, 이는 '위대한 출가the Great Departure' 또는 '위대한 포기the Great Renunciation'를 의미한다. 비움은 의지가 없는 상태가 아니라 의도적이며 자발적인 행위다. 물리학에서 정지와 유지가 무엇보다 큰 에너지를 요구하는 것처럼 평온감도 마찬가지다. 요가에서도 가장 힘든 시간은 명상하는 시간이다. 집착하지 않음으로써 감정을 비우는 일은 쉽지 않다.

언젠가부터 인터넷방송 등에서 소위 '먹방'이 인기다. 말 그대로 음식먹는 모습을 보여주는 방송이다. 평범하지 않은 모습을 추구하는 방송의 특성상 아주 많은 양을 먹는다거나 자극적이고 매운 음식을 과감하게 먹는 모습을 보여준다. 수많은 먹방이 생기면서 그 안에서 스타들도 나오기 시작했다. 기본적으로 먹방 출연자는 일반 사람보다 맛있게 많이 먹는데, '고수'들은 여기에 '여유'를 더한다는 특징이 있다.

고수들은 당일 먹을 양을 다 소화한다는 목적에만 집착하지 않고 의도적으로 예고하지 않은 음식을 첨가한다. 예를 들어 어마어마한 양의 떡

볶이를 먹다가 "이 양념은 밥을 비벼도 맛있을 것 같다"며 밥을 가져와 말아서 맛있게 먹는다. 사람들은 집착에서 벗어나 즐기는 것이 쉽지 않다고 생각하기 때문에, 이러한 방식은 그들을 '고수'로 보이게 만든다.

'없음'이 있다

사람들은 채움만큼 비움에 대한 욕구가 있지만 색으로 가득 찬 세상에서 그 방법을 잊어버렸다. 친구의 유치원 다니는 아들이 색칠 공부를 하는 것을 지켜본 적이 있다. 이미 그려져 있는 꽃들을 색연필로 칠해서 메꾸더니, 다 했다면서 자랑하듯 보여줬다. 알록달록 화려하게 칠했는데, 몇 군데 빈 곳이 있었다. "왜 여기는 안 칠했어?" "거기는 하얀색 꽃인데요." 유심히 보니 그 부분을 칠하지 않고 남겨두기 위해 옆의 색깔들이 침범하지 않도록 조심한 흔적이 보였다. 여섯 살 아이와 달리, 나에게는 채우지 않으면 비었다는 관념이 생겨 있었다.

말이든 글이든 표현되어 현실로 나왔다는 자체가 존재의 증거이다. 어떤 영화에서 장난으로 동료의 호칭을 변형해서 부르니 그 동료가 그런 식으로 부를 거라면 아무것도*nothing* 부르지 말라고 하자 그다음부터 '낫씽*nothing*'이라고 부르는 장면이 있었다. 2015년 삼성카드의 TV 광고는 '이미 아무것도 안 하고 있지만 더 격렬하게 아무것도 안 하고 싶다'는 카피로 사람들의 관심을 끌기도 했다.

'맛이 없다'도 '없음'의 의미를 다시 생각하게 하는 말 중 하나다. 우리는 맛이 좋지 않은 음식을 먹었을 때 보통 '맛이 없다'라고 말하지만 아무 맛도 느껴지지 않을 때도 그렇게 말할 수 있다. 예를 들어 간을 약하게 해서 너무 싱겁게 된 국은 '무無의 맛'이다. 맛이 존재하는 것을 먹다가 맛이 존재하지 않는 것을 먹으면 도리어 맛에 대해 인식하는 계기가 된다. 기존에 자연스럽게 먹어 익숙했던 '유有의 맛'이 무엇이었는지, '무無의 맛'과의 차이를 통해 새롭게 생각하는 것이다.

한번은 학생들의 조별 발표 시간에 한 학생이 절대주의의 검은색에 대해 설명하면서 이렇게 끝을 맺었다. "무의미한 의미가 있다고 하겠습니다." 모순이 있는 표현 같아 지적하려다가, 그가 말하고자 하는 '무의미'가 마음에 와닿아 그럴 필요가 없다고 느꼈다. 우리는 무존재와 무소유를 인식한다. 또한 이를 통해 존재와 소유를 통찰한다. 러시아의 화가 카지미르 말레비치는 외부와 관계가 없는, 무無의 상황에서 회화의 절대적 본질이 드러난다며 이를 '검은 사각형'을 통해 표현했다.

불교 경전인 《반야심경》에 '색즉시공色卽是空, 공즉시색空卽是色'이라는 말이 나온다. 현상계의 모든 만물은 변화하며 사라진다는 뜻이다. 하지만 동시에 이러한 모든 것은 '존재하고 있음'을 뜻한다.

관자재보살觀自在菩薩 행심반야바라밀다시行深般若波羅蜜多時
조견오온개공照見五蘊皆空 도일체고액度一切苦厄.

직역하면 "관세음보살이 열반의 피안에 도달할 때 인간을 구성하는

카지미르 말레비치, 〈검은 사각형 *Black Square*〉, 1915.

청소 끝에
철학

다섯 가지 온五蘊이 모두 공空함을 통찰해서 일체의 고통과 재난으로부터 벗어난다"는 뜻이다. '없음'을 알게 되면 비로소 자유롭게 사물을 볼 수 있다.

가치를 키우다

오래전부터 지속적으로 사용되어서 시간의 멋이 스며든 빈티지 제품에 대한 서구의 인식은 우리에게 익숙하지 않다. 빈티지라는 단어가 대중화되기 시작한 것은 패션에서 주로 사용된 이후인데, 찢어지고 해진 패션에 한정하여 '빈티지 스타일'이라고 지칭했다. 하지만 서양인들이 사용하는 '빈티지'는 이렇게 오래되고 해진 스타일과는 다르다. 그것을 모르던 시기에는, 할머니가 끼던 반지를 결혼선물로 받고는 기뻐하면서 그 안에 결혼 날짜를 새길 것이라던 유럽인 친구를 보고, 반지에 '스크래치'를 내는 것이 이해가 되지 않았다. 예부터 이어져 내려오는 가치는 보존하는 것이 자연스럽고, 소중한 것은 함부로 손대지 않고 그대로 유지해야 한다는 생각에 익숙했기 때문이다.

사용하면서 가치가 새롭게 만들어지는 것을 선호하는 서구인에 비해, 우리가 집안에서 소중히 여기는 물건에 대해 떠올려보면 대대로 내려오는 골동품이 많다. 즉, 중요하고 가치 있는 물건은 기존의 용도로 사용하기보다는 오래도록 소중히 간수해서 다음 세대에 그대로 물려줬던 것이다. 그래서 '빈티지'의 가치가 개인적이고 주관적이라면 '골동품'의 가치는 이에 비해 객관적이다. 골동骨董이라는 말은 중국 송나라의 시인인 소동파의《구지필기仇池筆記》에 처음 나왔는데, 뼈를 오랫동안 고아 만든 국물을 의미했다. 이후 오랫동안 소중히 간직된 물건을 지칭할 때 사용되어왔다. 한편 빈티지는 좋은 품질의 포도가 생산된 해의 연호를 붙일 수 있을 정도로 정선되고 오래 숙성된 고급 포도주에서 온 말이다. 골동품은 영어 '앤티크antique'로 번역되지만, 빈티지를 대체할 한국어는 적합한 것이 없어 외래어 그대로 사용하고 있다.

어느 날 동생이 고급스러워 보이는 파우치를 들고 왔다.

나: 어, 이거 좋아 보인다.
동생: 줄까? 나는 좀 쓰기 불편하더라고.
나: 아니, 괜찮아. 너 써.
동생: 이거 '새거'야. 사놓고 안 쓰다가 오늘 처음 가지고 나온 거야.

동생이 말한 새것은 '새로운 것'이 아닌 '아직 아무도 사용하지 않은 것'이다. 사용하지 않아서 타인의 체취가 묻지 않은 것은 오직 '나만의 것'일 수 있다. 짧은 기간에 경제발달을 이루어 근검절약이 몸에 밴 우리나라 사람들은 물건을 아끼면서 살아왔기 때문에 '나만의 것'이라는 말은 선물과도 같았다. 이에 비해 서구 사람들은 오랫동안 사용한 물건을 '헌 것'이라고 인식하기보다 가치가 더해진 것이라고 생각한다. 이렇게 물건에 가치를 부여했을 때 느끼는 감정은 벼룩시장을 활성화하기도 한다. 누군가 사용했던 물건을 내가 사용함으로써 가치를 부여하고, 내가 사용했던 물건을 남이 사용하게 함으로써 또 다른 가치가 생긴다는 사실이 만족감을 준다.

내가 물건의 사용 가치를 높인다는 만족감은 물티슈 한 장을 뽑아 쓸 때도 느낀다. 책상에 노트북을 펴기 전 일회용 물티슈를 한 장 뽑아서 책상 위를 쓱 닦는데 보통 깨끗한 책상이라 때가 거의 묻어나지 않는다. 그냥 버리기 아까워서 현관 바닥을 몇 번 닦은 후 버린다. 물건을 특별히 경제적으로 사용하는 편이 아닌데도 사용 가치를 꽉 채워 쓰고 버리면 뭔가 뿌듯하다.

물티슈는 현대사회에서 요긴하게 사용되는 도구이다. 특히 어린아이를 둔 엄마들에게는 필수품이다. 친구와 식사 약속을 하고 정시에 나와 기다리던 어느 날, 식당에 들어가서 자리를 잡아놓겠다는 말을 하려고 전화를 걸었는데 친구가 받지 않았다. 하는 수 없이 식당 문 앞에서 기다리는데, 저 멀리 친구가 두 살배기 아이와 함께 빠른 걸음으로 걸어오고 있었다. 전화했었다고 말하자 벨이 울리지 않았다면서 가방을 뒤져 보더니, 급하게 나오느라 핸드폰을 집에 두고 나온 것 같단다. 그러던 중 아이가 재채기를 해서 콧물을 흘리자 바로 물티슈를 꺼냈다. 그 와중에 물티슈는 챙겨 온 것이다.

일회용 물티슈는 청소하는 데도 자주 사용되는 용품이다. 책상이나 의자처럼 부분적인 공간의 먼지를 빨리 닦을 때, 혹은 음식이나 오물을 떨어뜨린 바닥의 좁은 부분을 처리할 때 편리하게 사용할 수 있다. 손이 안 닿는 가구 틈에 낀 먼지는 긴 막대기에 물티슈를 감아 집어넣으면 닦아낼 수 있다. 찌든 때는 비닐장갑을 끼고 물티슈에 세제를 묻혀 닦아낸 다음, 비닐장갑을 뒤집어 벗어 물티슈를 싼 후 버리면 깔끔하게 처리할 수 있다.

물티슈는 미국인 아서 율리우스가 1958년 웨트냅Wet-Nap으로 상표를 등록하고 1960년 시카고에서 열린 국제 레스토랑 쇼에서 공개했다. 그리고 1963년 미국의 패스트푸드점인 KFC에서 판매하기 시작했다. 손님들이 치킨이나 햄버거를 먹고 나서 기름 묻은 손을 닦도록 하기 위해서였다. 처음에는 주로 식당에서 사용되었지만 이후 P&G 등 대기업에서 아기들을 위한 물티슈를 판매하면서 일상의 용품이 되었으며, 현재까지도 아이를 둔 엄마들에게 소중한 발명품이다.

1963년 KFC에서 판매하기 시작한 물티슈 '웨트냅'.

청소 끝에
철학

생각하기 나름이라는 식상한 말

동생이 컴퓨터게임인 스타크래프트에 푹 빠져 있을 때 뭐가 그리 재밌는지 궁금해서 하는 방법을 물어봤다. 동생이 알려준 대로 해봤는데 꽤나 재밌었다. 재미를 붙여 밤늦게까지 게임을 하는데 동생이 내가 하는 걸 들여다봤다.

> 동생: 이게 재밌어?
> 나: 응. 너도 좋아하잖아.
> 동생: 나는 사람이랑 하잖아. 누나는 컴퓨터랑 하는 거고. 진짜 사람
>   을 상대로 하지 않고 컴퓨터에 내장된 프로그램을 이기기 위해
>   그렇게 열심히 하는 게 신기해서.

동생은 게임이 재밌는 이유가 자신이 이기는 것보다 상대가 지는 데 있다고 생각했던 것 같다. 같은 맥락에서 단지 게임에 졌을 뿐인데도 화가 나는 것은 이긴 상대방이 존재하기 때문이다. 기쁨 보존의 법칙 같은 게 있는 것도 아닌데 말이다. 인간관계에서도 상대방이 잘못했을 때 내가 화를 내지 않고 상대방을 용서하면, 그 잘못에 대한 적당한 질타를 받지 않은 운 좋은 상대방, 즉 무엇인가를 '얻은' 상대방에 의해 내가 손해를 입은 것 같아 일부러 화를 내기도 한다. 그래서 의도하지 않았는데 나에 의해 상대방이 무엇인가 얻게 되면 내가 손해를 본 것처럼 느끼는 경우도 있다.

친구가 사는 아파트 옆집에 새로 이사 온 부부는 목소리를 높여 자주 싸웠다. 친구는 참다가 안 되겠다 싶어, 공동주택이니 조심해달라는 메시지를 포스트잇에 써서 문에 붙여놓았다. 엘리베이터에 그 집의 부인과 함께 타게 되었을 때도 아파트가 방음이 잘 되지 않으니 조심 좀 해달라고 여러 번 부탁했지만 전혀 변화가 없었다.

몇 달이 지나 다시 엘리베이터에 함께 타게 되었을 때 그 부인은 몰라보게 예뻐진 친구를 보고 놀라서 다이어트 하셨냐고 물어보았다. 그러자 친구가 대답했다. "제가 예민해서 아파트 소음을 참기 힘들 때 나가려고 헬스장에 등록했어요. 원래는 운동하는 것을 싫어해서 헬스장 등록해도 거의 안 나갔는데 소음이 들리니 어쩔 수 없이 나가게 되더라고요." 그러고는 웃으며 내렸다. 그랬더니 그다음부터, 이사 갔나 싶을 만큼 그 부부가 조용해졌다고 했다. 당시 친구는 실제로 살이 빠지고 균형 잡힌 몸매가 된 자신감에 헤어스타일과 패션뿐 아니라 인상까지 달라졌다. 눈에 띄게 좋아진 친구를 보고 그 부인은 자신에 의해, 특히 자신의 불행으로 인해 타인이 무언가를 얻게 되는 상황이 마뜩지 않아서 더 이상 소음을 내지 않았던 듯하다.

'생각하기 나름'이라는 말이 식상하게 느껴지는 것은 세상의 존재 이유와 원동력이 나의 머릿속에 있다는 사실을 우리 모두 이미 알고 있기 때문이다. 하지만 감정의 원인과 결과를 주변에 돌림으로써 주체적 위치에서 내려오려 한다. 전래동화 중에 '삼년고개'라는 것이 있다. 고개에서 넘어지면 3년 산다고 해서 사람들은 그곳을 지날 때 넘어지지 않기 위해 조심하며 걸었다. 그런데 어떤 할아버지가 고개에서 그만 넘어지고 말았다. 할아버지는 집에 돌아와서 이제 3년밖에 못 산다며 슬픔에 잠겨 끙끙 앓아누웠다. 그러자 이웃의 의원이 와서 그 고개에서 한 번 넘어져 3년을 산다면 두 번 넘어지면 6년이고 세 번 넘어지면 9년을 사니, 다시 가서 오래 살고 싶은 만큼 넘어지라고 했다. 할아버지는 그 말을 듣고 삼년고개로 가서 몇 번 더 구르더니 원기를 되찾았다.

청소도 생각하기 나름이다. 나는 청소하는 도중 힘들면 잠시 멈춰 TV도 보고 차도 마시면서 여유 있게 하는 것을 좋아하지만, 진공청소기의 커다란 소리가 오래 들리는 게 이웃에 폐를 끼치는 것 같아 거의 그러지 못했다. 그러던 중 집 주변 건물에서 외벽 공사를 대대적으로 하기 시작했다. 이 시기에 나는 여유를 부리며 진공청소기를 천천히 사용할 수 있었다. 평소에 원하던 대로 여유롭게 청소할 수 있다고 생각하니, 시끄러운 드릴 소리도 소음으로 들리지 않고 나를 도와주는 소리처럼 들렸다. 세상의 모든 변화는 장점이 있다. 비가 오면 맘 편히 베란다 물청소를 할 수 있고, 날씨가 맑으면 물청소한 베란다가 보송보송 마른다.

나도 예전에는 이렇게 생각하지 못했다. 한 아침 방송에 한국에 오랫동안 거주한 독일인 여성이 나왔는데 그녀의 말을 듣고 문득 과거를 돌아보게 되었다. 언어 습득 능력이 좋아 한국말이 유창했던 그녀가 아무리 이해하려 해도 이해할 수 없었던 한국어 표현이 '열심히 산다'는 말이었다. '산다'는 상태 동사인데 그 앞에 '열심히'라는 부사를 넣은 이 표현이 도대체 무엇을 의미하는지 모르겠다는 것이었다. 누구보다 열심히 살려고 했던 나의 20대 시절이 떠올랐다. 그 시절 가장 마음이 편했던 때는 강의를 하러 지방으로 가던 기차 안에서였다. 가만히 앉아 있어도 서울에서 지방까지 이동하는 일이 진행되고 있었기 때문이다. 다시 말해, 기차를 타고 이동하는 시간 이외에는 내가 '가만히' 있으면 어떤 일도 진행되지 않을 것이라 생각했다.

지금은 생각이 바뀌었다. 기차를 타고 가던 시간처럼 내 주변의 모든 변화는 나를 위한 것이었다. 내가 가만히 있어도 시간이 흐르고 기분 좋은 바람이 분다. 침체되지 않도록 때가 되면 계절이 바뀌면서 기를 북돋아준다. 내가 존재함으로써 존재하는 주변의 모든 변화가 나를 위해 움직여준다는 생각이 들면서 마음이 채워진다.

청소 끝에 자아를 찾다

청소와 존재

내가 나를 나로 생각하면 내가 된다

화가들이 자화상을 그리는 이유는 여러 가지다. 자신의 모습을 후대에 남기고 싶어서일 수도 있고, 모델 비용을 지불할 필요가 없어서일 수도 있다. 또 모델의 포즈나 표정이 마음에 안 들었을 수도 있다. 하지만 무엇보다 인물을 그리는 화가들이 잘 알고 더 알고 싶으며 특별한 감정을 가진 대상이 바로 자신이기 때문일 것이다. 그려지는 대상과 그리는 주체로서의 감정을 동시에 느끼는 일은 예술가에게 얼마나 매력적인 상황인가.

가끔 청소를 다 마치고 아무도 없는 거실에서 큰 소리로 수고했다고 외친다. 깨끗이 청소를 마무리한 나에게 하는 말이다. 학창 시절에도 지루할 때 책을 소리 내어 읽으면 지루함이 덜했다. 내가 하는 말을 내가 들으면 정리가 더 잘되기도 했다. 이와 대비되는 상황도 있다. 대학생 때 실연을 한 친구가 수업에 빠지자 걱정이 되어 자취방에 가봤다. 얼마 전 들렀을 때는 깔끔하게 정리된 방이었지만 그날은 옷과 책이 마구 널려 있어 지저분했다. 실연의 아픔으로 방 정리에 신경 쓸 겨를이 없기도 했지만 친구는 자신의 어수선한 정신 상태와 아픈 마음을 스스로에게 인식시키고 있었다. '나는 이만큼 힘들어.'

자신만의 공간에서 느껴지는 인적人迹은 바로 자신이며, 공간의 익숙함은 결국 그곳에 묻은 자신의 자취에서 느껴지는 감정이다. 밖에 나갔다 비었던 집에 들어와도 친근함이 느껴지는 것은 나의 자취가 이미 여

루이 장모, 〈자화상 *self-portrait*〉, 1832.

기저기 묻어 있기 때문이다. 인적은 체온을 가진 육체의 움직임이 만들지만, 그 인적에서 평온함을 얻는 것은 나의 정신이다. 여행지에서 밤에 자려고 침대에 누워 멀뚱멀뚱 천장을 쳐다보면 순간적으로 '여긴 어디이고, 나는 누구인가' 하는 생각이 든다. 나의 인적이 묻어나지 않는 공간에서 나는 나에게도 이방인이다.

세상에는 많은 '나'가 산다. 그들에게 나는 타인 중 일인이다. 무수한 타인 틈에서 나는 먼지를 넘어 무無에 가깝다. 프랑스의 철학자 장 폴 사르트르는 저서 《존재와 무》에서, 그 어떤 목적성도 부여되지 않은 존재로서의 인간은 무한한 자유를 가지고 있다고 했다. 자유는 무無에서 나온다. '그들'이 아니기에 '나'인 것이며, 나의 실존은 전적으로 내가 완성해나간다. 나는 먼지보다도 작은 존재이지만, 무한과 같은 타인들의 존재를 좌지우지한다. 나로 인해 타인들의 실체가 생성된다. 그리고 각자에게 다른 자유가 있는 것처럼 다른 세상이 있다.

가끔 죽음에 대해 이런 상상을 한다. 나에게 주어진 세상의 마지막 날, 숨을 거둔 후 오랫동안 눈을 감았다 뜨면 주변에 빙 둘러선 사람들이 환하게 웃으면서 그동안 수고했다고 박수를 쳐준다. 주인공이었던 나는 잠시 후 다음 순서의 사람을 내가 있던 중앙에 세운다. 세상의 모든 사람이 이러한 방식으로 살아간다고 상상한다. 수많은 '나'들은 각자 투명한 막 위에 그려진 세상이라는 만화책의 주인공들이고, 이들의 이야기가 겹쳐 선명한 색상의 입체적인 세상이 된다. 어쩌면 그 투명한 막을 복사한 종이 위의 주인공이 '나'가 아닐까 생각한 적도 있다. '오리지

널'이 따로 있고 나는 사실 복제로서 살아가는 것 아닌가 상상했던 것이다. 그러나 그렇게 큰 문제가 되지는 않았다. 오리지널이 설령 따로 있다 해도, 그것은 내가 가지는 '복제라는 정체성'을 지니지 못했을 테니 아쉬울 이유가 없다. 악마의 꾐에 빠져 나를 나라고 믿는 것이라고 해도, 속는 존재 또한 '나'다. 행복한 상상을 하면 행복해진다. 슬픈 상상을 하면 슬퍼지고 웃긴 상상을 하면 피식 웃음이 나온다. 내가 나를 나로 생각하면 내가 된다.

많은 사람이 나오는 예능 프로그램에서 한 패널을 진행자들이 짓궂게 놀리자 그가 "이거 몰래카메라 아니에요?"라고 투덜거렸다. 그랬더니 진행자가 대답했다. "유명한 사람들이 여기 이렇게 많이 있는데 굳이 제작진이 왜 ○○씨를 속이는 데 애를 쓰겠어요?" 그 장면을 보고 러시아 시인 알렉산드르 푸시킨의 '삶이 그대를 속일지라도 슬퍼하거나 노여워하지 말라'라는 시구가 떠올랐다. 총체적 세상인 삶이 굳이 '나'를 속이는 수고를 하는 것을 보면, 시에서 말하는 그대인 '나'는 주인공이 맞다.

누가 천지를 창조하는가

어렸을 때 부모님한테 혼나고 나면 방구석으로 가서 얼굴을 벽에 붙이고 서럽게 울었다. 그러다 눈물이 멈추면 그 자세에서 딱히 할 것도 없고 해서, 바로 눈앞에 있는 장롱의 나뭇결무늬를 자세히 쳐다봤다. 어떤 것은 사람 얼굴 같았고 또 어떤 것은 말이나 소 같은 동물처럼 보였다. 눈앞의 몇 센티미터 안 되는 면적에서 무궁무진한 세상이 만들어졌다. 한참을 쳐다봐도 질리지 않았던 것은 나뭇결무늬가 다양해서가 아니라 내가 다양하게 상상해서였다.

어린 시절에 '상상의 힘'을 경험한 사건이 또 있다. 책을 읽다 너무 궁금해서 엄마에게 대뜸 물어봤다. "엄마, 심지어가 누구야?" 모든 책마다 가장 못된 짓을 하는 사람이 바로 '심지어'였기 때문이다. 꽃을 밟는 아이가 있는데 심지어는 꽃을 꺾었다. 동생을 괴롭히는 형이 있다면 심지어는 동생을 때렸다. 그 어떤 사람이 못된 짓을 해도 매번 심지어는 더 못된 짓을 했다. 내 머릿속에 세상에서 가장 나쁜 놈인 '심지어'의 존재가 자리를 잡았다. 꽃을 꺾거나 동생을 때리는 '심지어'의 외모와 목소리가 상상되면서 구체화되었다. 그런데 엄마의 설명을 듣고 심지어가 사람 이름이 아니라는 것을 알았을 때 나는 더 궁금해졌다. '그럼 내 머릿속에 있는 사람은 누구지?' 그동안 나이, 성별, 외모, 목소리, 행동 등으로 내 머릿속에 살아 숨 쉬던 그는 누구인지 궁금했던 것이다. 시간이 지나 '심지어'라는 사람이 존재하지 않는다는 것을 알게 된 지 오래되면서, 심지어의 모습은 점점 사라졌다.

실체는 정신에서 나온다. 르네 데카르트는 그의 저서 《방법서설》에서 "내가 생각하는 것을 멈춘다면 내가 존재하고 있다는 것을 증명할 근거가 아무것도 없다. 생각하는 것으로 실체인 '나'가 만들어진다"라

영화 〈아바타〉, 2009.

고 말했다.

영화 〈아바타〉의 마지막에 주인공은 자신의 원래 몸을 포기하고, 자신의 '의식'을 주입해 원격 조종했던 새로운 생명체인 아바타로 남기를 선택한다. 아바타는 걷지 못하는 원래의 자신과 달리 마음껏 뛸 수 있는 건강한 다리가 있었다. 몸만 바뀌었을 때는 그냥 '아바타'였지만, 정신이 옮겨간 이상 그것은 아바타가 아니라 주인공 자신이었다.

아바타처럼 몸이 아예 바뀌는 것은 아니라도, 정신의 인식을 통해 매력적인 육체로 변하는 사례도 있다. 왜소증을 가진 사람들을 후원하는 미국의 비영리단체 '리틀 피플 오브 아메리카'가 개최한 콘퍼런스에 며칠간 연구자로 참석했을 때의 일이다. 커다란 호텔 전체가 왜소증을 가진 사람들과 그의 가족, 그리고 나와 같은 연구자들로 가득 찼다. 호텔 안의 식당과 카페는 카운터 앞에 단을 두어, 계산을 할 때 키가 작은 이들이 종업원을 올려다보며 손을 뻗는 수고를 하지 않도록 했다. 왜소증을 가진 사람들 대부분은 행사 초반에 어두운 색상의 평범한 옷을 주로 입었다. 하지만 며칠 지나자 패션이 과감해졌고 태도에도 자신감이 생겼다. 단순히 그 콘퍼런스에서 'You can do it' 강연을 들어서가 아니었다. 자신처럼 왜소한 사람들이 세상에 이렇게나 많다는 것을 직접 보았기 때문이었다. 이전에는 자신을 둘러싼 비장애인들에 비추어 자신의 육체가 세상에 극히 드물며 매력적이지 않다고 여겼고, 그래서 아름다움을 추구하는 것은 의미가 없다고 생각했던 것이다. 하지만 왜소증을 가진 수많은 사람을 보며, 자신이 그동안의 생각처럼 소수가 아니라는 것을 알게 되었고 힘을 가졌다. 이 힘은 자신의 육체도 '매력적'이라는 생각을 하게 했다. 그리고 매력적인 육체는 꾸미고 싶은 욕구를 만들었다. 여성들은 짧은 치마를 입고 화장을 진하게 했으며, 남성들은 머리에 스프레이를 잔뜩 뿌려 멋을 냈고 소매를 걷어 터프함을 보였다.

무엇인가에 집중해서 생각을 많이 하면 그것의 힘이 커 보인다. 머릿속에 꽉 찬 그것이 세상에 크게 존재한다. 내가 생각한 대상과 실체가 다른 것이 아니라, 나의 정신이 실체를 결정하는 것이다. 그런 의미에서, 세상이 마음먹은 대로 되지 않는다는 말은 모순이다. 마음먹은 대로 보이는 게 세상이다. 어쩌면, 세상이 마음먹은 대로 되지 않는다고 마음 먹었기 때문에 그렇게 되었을지도 모른다.

오점이냐 무늬이냐

청소를 하다 마룻바닥에 얼룩이 있어 힘주어 문질러봤다. 하지만 지워지지 않고 그대로여서 자세히 들여다보니 그을린 자국 같았다. 얼마 전명절에 가족이 다 모여 마루에 큰 상을 펴고 함께 식사를 했는데 그때뜨거운 냄비를 잠깐 내려놓은 탓에 생긴 것 같았다. 하지만 일어나서 보니 괜찮았다. 걸레로 바닥을 닦기 위해 자세히 들여다보기 전에는 마루의 무늬로 보였다.

찰리 채플린은 한 인터뷰에서 "인생은 가까이서 보면 비극이지만 멀리서 보면 희극이다"라고 말했다. 희극배우였던 자신의 개인적 이야기였지만 일반적인 삶의 이야기에 대입해보아도 공감 가는 말이다. 삶의실수들은 가까이에서 보면 오점이지만, 시간이 지나 멀리서 보면 무늬이다. 처음에는 같은 것이었지만 인식에 따라 오점 혹은 무늬가 된다.

한번은 실크에 염색을 해서 실크 스카프를 만들려고 염료를 사 왔다. 물을 끓이고 소금을 넣은 후 염료를 푸는 과정에서, 입고 있던 티셔츠에염료가 튀었다. 급하게 옷을 벗어 물로 빨았지만 붉은 염료는 지워지지않았다. 비누로 빡빡 빨아보아도 빠지기는커녕 조금도 흐려지지 않고선명한 붉은색 그대로였다. 염료가 튄 부위도 하필 가슴팍이어서, 전형적으로 김칫국물이 튄 형국이 되었다. 기왕 이렇게 된 것, 차라리 티셔츠 전체를 염색하자 하고 염료를 푼 통에 담갔다. 시간이 지나 티셔츠를 통에서 빼보니 색이 예상보다 옅었다. 게다가 물로 헹굴 때마다 염료가 빠져나와 점점 더 옅어졌다. 염료를 더 넣어봐도 결과는 마찬가지였다. 색을 빼려고 할 때는 그렇게 안 빠지더니 이제 색을 들이려고 하는데 안 들여졌다. 사실 실체는 같았다. 다만 '지우려고 하니' 지워지지 않는 것이라 생각되고 '새기려고 하니' 새겨지지 않는 것이라 생각된 것이다.

우연히 찍은 점 하나가 세상을 가로막는 벽이 될 수도, 혹은 세상으로 통하는 길이 될 수도 있다. 이탈리아 출신의 예술가 루치오 폰타나는 캔버스에 그림을 그릴 때 사용하는 나이프로 작업을 하다 캔버스를 찢고 말았다. 그런데 그는 이것이 2차원의 화폭에서 만들어지는, 세상과 통하는 길이라 생각했다. 사진이 발명된 이후 사람들은 2차원의 평면 위에 원근법으로 3차원을 그리는 회화가 사실상 속임수가 아닌지 회의감에 빠졌다. 그렇다고 평면에 입체를 붙이는 콜라주는 조각에서의 부조와 차이가 없었다. 2차원의 캔버스에 3차원의 세상을 그리는 것이 가능한지에 대한 근본적인 의문이 풀리지 않았다. 이때 루치오 폰타나는 캔버스를 나이프로 커팅하면서 2차원의 평면 위에도 3차원의 공간을 구현할 수 있음을 보여준 것이다.

윈스턴 처칠은 "비관론자는 모든 기회 속에서 난관을 찾고, 낙관론자는 모든 난관 속에서 기회를 찾아낸다"라고 말했다. 양쪽 모두 무엇을

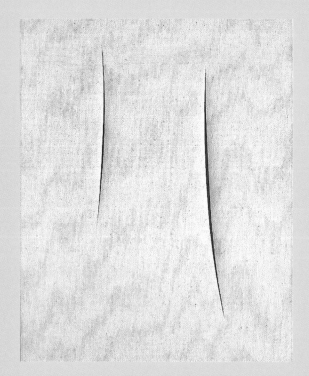

루치오 폰타나, 〈공간개념*Concetto spaziale, Attese*〉, 1959.

찾는 능력은 있어 보이는데 차이가 있다면, 전자는 오점투성이의 지저분한 세상을 경험할 것이고 후자는 삶이 다양한 무늬로 느껴져 흥미로울 것이다. 상황을 난관 또는 기회로 명명하는 것은 바로 자신이다.

알 수 없어 흥미로운 삶

"이모, 난 자스민이 좋아." 디즈니의 애니메이션 〈알라딘〉을 집중해서 보던 조카가 여주인공 자스민이 나오자 손을 모으며 말했다. 이미 열 번은 넘게 본 애니메이션인데도 예쁜 공주가 나오니 신이 났다. 이모는 누가 제일 좋으냐고 묻길래 대답했다. "이모는 그냥 누구든 램프 가지고 있는 사람이 좋아."

어렸을 때부터 소원을 들어주는 요정이나 도깨비가 나오는 동화를 좋아했다. 이런 동화에서는 대부분 소원의 개수가 세 가지로 제한된다. 동화를 읽을 때면 나한테 물어본 것도 아닌데 소원 세 개를 무엇으로 할까 고민했다. 그러다 '왜 세 개나 필요하지?'라는 생각이 들었다. 도깨비방망이를 휘두르며 세 가지 소원을 들어주겠다는 도깨비에게 이렇게 말하면 되지 않는가. "나에게도 그 도깨비방망이를 하나 주렴." 하지만 어른이 되고 나서, 굳이 '세 가지'만 꼽으라고 했던 데는 소원을 들어주는 이의 배려가 있었다는 걸 알았다. 세 가지라는 제한성은 우리가 소원을 소중하게 여기면서 앞으로도 삶이 어떤 것인지 가치를 찾으며 살아가도록 한다. 이를테면 이런 것이다. 가끔 너무 피곤한 날에는 눈 깜짝할 새 저절로 청소가 되어 있으면 좋겠다는 생각을 한다. 그러다 보면 밥도 누가 떠먹여줬으면 좋겠다가, 아니 그냥 먹기도 전에 소화까지 다 된 상태가 더 좋을 것 같다. 잠을 안 자도 이미 잔 것 같이 개운하다면 또 얼마나 좋을까. 이렇게 꼬리를 물다 보면 의문이 든다. '그러면 산다는 것이 뭐지?'

신과 같은 능력이 생겨서 나를 힘들게 하는 사람들을 크게 혼내주면 좋겠다 싶을 때도 있다. 하지만 내게 그러한 능력이 없기 때문에 사람들과의 관계에서 고마움도 느끼고 나에 대한 뿌듯함도 느끼는 것이리라. 전지전능한 신이 인간 세상에 내려온다면 그는 인생이 과연 재미있을까. 언젠가 집에서 영화를 보려고 TV의 최신 영화 목록을 훑어보던 중 당시 인기 있던 공포영화를 발견하고 '선택' 버튼을 눌렀는데 리모컨 배터리가 거의 닳았는지 잘 눌러지지 않았다. 몇 번을 다시 눌러 겨우 영화를 틀고 볼륨을 키우려는데 이제는 리모컨이 아예 작동되지 않았다. 마침 영화가 시작해 뒤로 나와 보고 있는데 평소보다 더 흥미롭게 느껴졌다. 그 영화가 내가 전에 봤던 영화들보다 무서워서가 아니라, 평소처럼 너무 무서운 장면에서 리모컨으로 멈추거나 빨리 감기를 할 수 없었기 때문이다.

모든 것을 이미 다 알고 있다면 사유할 필요가 없다. 사유는 내가 모른다는 것을 알기 때문에 한다. 사유가 멈추면 다 멈춘다. 무지無知라는 장막은 인간이 은하수를 새기기 위해 드리워진 우주다. 어떤 대상뿐 아니라 자신의 감정에 대해서도 우리는 확신할 수 없다. 이미 줄거리를 다 알고 보는 영화라도 그날 나의 감정에 따라 전혀 다르게 다가오는 경우처럼 말이다. TV를 켜놓고 청소를 하는데 영화 〈타이타닉〉이 방영되고 있었다. 이미 여러 번 본 영화라 곁눈질로 보면서 청소를 하는데, 어느 순간 나도 모르게 자리를 잡고 앉아 보고 있었다. 마지막 부분에 가서는 걸레를 붙잡고 엉엉 울었다. 이 영화를 맨 처음 접했을 때도 눈물을 흘리지 않았는데 이날은 머리가 띵하도록 눈물이 계속 나왔다. 영화를 보면서 느끼는 감흥도 영화를 보는 자신이 만들어냈던 것이다. 어느 것 하나 예측할 수 없기 때문에 세상은 이렇게 흥미롭다.

방의 절대적인 크기는 그 안에 놓인 가구 때문에 가늠하기 힘들다. 그럴 때 누워서 천장을 보면 다른 방들과 어느 정도 크기를 비교할 수 있다. 하지만 절대적인 방의 크기는 창고로 활용하는 경우가 아니라면 중요하지 않다. 절대적 크기는 똑같더라도 어떤 방은 넓게 느껴지고 어떤 방은 훨씬 좁게 느껴진다. 청소를 할 때도 그렇다. 좁은데 청소할 때 힘든 방이 있고 넓지만 수월하게 청소하는 방이 있다. 본래 크기를 알아도 실제 사용하는 상황에 따라 얼마든지 다르게 느껴진다.

자취를 치우는 이유

여권을 찾다 서랍 안이 엉망이 되었다. 여권 하나 찾는 데도 이렇게 시간이 오래 걸리니 서랍 정리를 해야겠다고 생각하고 안에 들어 있던 것

청소 끝에
자아를 찾다

087

들을 우선 죄다 빼놓았다. 이 좁은 서랍에 뭐가 이리 많이 들어 있었는지 내심 놀랐다. 버릴 것을 한쪽에 놓고 다시 넣을 것은 다른 쪽에 두고 있는데, 웬 사진 한 뭉텅이가 나왔다. 대학교 때 친한 친구들 몇몇이 찍은 사진이었다. 20년도 넘은 사진을 보니 새로웠다. 실컷 보고 정리해서 다시 서랍 깊숙이 넣었다. 굳이 앞쪽으로 빼어놓을 필요는 없을 것 같았다. 다시 열어서 볼 것 같지 않았기 때문이다. 시간이 흐른 만큼 나이가 들었음을 새삼 상기하는 게 싫어서가 아니라, 시간의 강을 따라 이만큼 흘러와서 돌아갈 수 없는 곳이 저 멀리 존재한다는 것이 불편했다. 그 사진들은 세상 모든 변화 속에서도 '고정된 나'가 있으리라는 기대가 그릇되었다는 사실을 확실하게 보여주었다. 외모뿐이 아니다. 당시의 사진을 보면서 지금과 많이 달랐던 그때의 가치관이나 취향 등 '전적으로 다른 나'를 대면했다. 그때의 나도 나였지만 지금의 내가 느끼기에는 '낯선 나'이다. 그때의 나는 지금의 내가 아니다.

하지만 과거의 나를 보는 것은 지금의 익숙해진 나를 되돌아보는 시간을 주기도 한다. 타인과의 비교를 통해 타인이 아닌 '나'가 드러나듯이 과거의 나를 통해 지금 나의 정체성이 드러난다. 가랑비에 옷 젖는 줄 모르듯, 연속적인 변화 속에서는 미처 깨닫지 못했던 지금의 나를 여실히 깨닫는 계기가 된다. 공기와 같아 인식하지 못해도 나는 항상 변하고 있다. 그리고 변한 나와 그것을 인식하는 나는 일치하지 않는다. 옷에 밴 냄새는 스스로 맡기 어렵듯이 나의 자취에도 자칫하면 무심해진다. '나'는 내가 가장 신경 써줘야 하는 존재이기 때문에, 내가 나에게 무심하면 주변 사람들이 무관심할 때보다 훨씬 상처받을 수 있다.

　머물렀던 공간에는 나의 자취가 묻는다. 그 자취를 치우는 것은 미래의 내가 자유로워지기 위해서다. 따라서 청소는 과거에 내가 존재했던 증거를 돌아보는 일인 동시에 미래의 나를 위해 현재의 내가 하는 행위이다.

　　'나는 청소한다. 고로 존재했고 존재하고 존재할 것이다.'

　가끔, 내일이 지구의 마지막 날이라면 나는 오늘 무엇을 할까 생각해본다. 언젠가 TV로 본 영화에서는 어마어마한 크기의 혜성이 지구를 향해 다가오는 것을 관측한 과학자들이 이 속도를 계산해 몇 달 후의 지구 종말을 발표한다. 그 소식을 들은 사람들은 처음엔 우왕좌왕한다. 그러나 어찌할 방도가 없어 차츰 일상으로 돌아가고 결국 지구가 산산조각 나기 바로 전날을 맞이한다. 사람들은 평소와 똑같이 학교와 회사에 간다. 평소보다 안부 전화를 좀 더 많이 걸지만 생활에 큰 차이는 없다. 그러고는 가족과 저녁식사를 한 뒤 잠들기 전 기도를 하고, 잔다. 아마 나도 영화에 나온 사람들처럼 일상의 모습을 유지할 것이다. 하지만 적어도 청소는 안 할 것 같다. 만약 세상에 살아남는 자들이 있다면, 특히 그중에 나를 아는 사람이 있다면 나의 자취를 정리하겠지만 나의 존재를 인식하는 모든 존재가 나와 함께 사라지는 순간 청소는 아무런 의미가 없다. 모두에게 내일이 없다면 청소는 비 오는 날 세차하는 것보다도 더 쓸데없는 일이다.

'나'라는 기막힌 존재

감기 기운이 있어 일찍 집에 들어와 감기약을 먹었다. 아직 초기라 괜찮지만 자고 일어나면 더 심해질 것 같아. 지금 대충이라도 청소를 해놓아야겠다는 생각이 들었다. 다음 날 집에 누가 오는 것은 아니었지만 아플 때 주변이 어수선하면 안 좋을 것 같아서, 머리가 지끈거리는 것을 참고 물건을 정리한 후 가볍게 쓸고 닦았다. 그리고 방의 온도를 높인 후 침대에 누웠다. 아픈 상태에서 움직였더니 평소보다 더 힘들었지만 내일 푹 쉴 수 있도록 준비를 해놓은 것 같아 마음이 편해졌다. 고등학교 윤리 시간에 선생님이 했던 말이 떠올랐다. 독일 철학자 이마누엘 칸트가 '나쁜 생각만으로도 유죄'라고 했다고 설명하자 한 학생이 물었다. "그럼 좋은 생각만으로도 칭찬받을 수 있나요?" 선생님이 당연하다고 하니 그 학생이 다시 물었다. "누구에게 칭찬받는 건데요? 속으로 생각한 것이면 아무도 모르잖아요." 그러자 선생님이 대꾸했다. "네가 칭찬해 주면 되잖아."

자신을 가장 잘 안다고 생각하는 본인 스스로에게 하는 칭찬은 타인에 의한 것보다 더 효과적이다. 나의 행동이 나에게 보일 때 마치 타인을 판단하는 것처럼 자신을 판단할 수 있다. 그래서 내가 한 행동임에도 불구하고 자기 자신이 애처로울 때도 있고 자랑스러울 때도 있다. 밀린 업무 때문에 점심을 챙기지 못해 회사 건물 계단에서 김밥을 급히 입에 밀어 넣고 있다면 그런 자신이 '안쓰럽다'. 반면에 계획한 무언가를 성공했을 때는 그런 자신이 '자랑스럽다'. 자신이 안타까워 눈물을 흘리기도 하고 자랑스러워 박수를 치기도 한다. 대뇌의 작용이든 정신의 존재이든 타인이 아닌 '나'가 이곳에 있다. 나를 제외하고는 전부 타인이다. 이 기막힌 존재가 바로 나이다.

그러므로 나는 나에게 없어질 수 없는 존재다. 가끔 재미 삼아, 만약 인생을 바꾼다면 누구랑 바꾸고 싶으냐는 물음을 주고받는다. 빌 게이츠부터 브래드 피트까지 답변은 다양하다. 그러나 이때 모든 답변은 자신의 존재가 없어지는 대신 그 사람이 되는 것이 아니라, 그 사람의 존재가 없어지고 자신이 그 사람이 되는 것을 의미한다.

누구나 행복하거나 불행하다고 느낄 때가 있다. 긍정적인 감정은 적극적이고 주체적인 반면 부정적인 감정은 소극적이고 수동적이다. 행복할 때는 자신이 행복하다고 느끼지만 불행할 때는 불행하다고 생각하는 자신을 발견한다. 긍정적 감정은 자신을 향하게 하고 부정적 감정은 외부로 향하게 한다. 이는 기본적으로 누구나 자신을 사랑하기 때문이다. 타인에게 선물을 줄 때도 그렇다. 물론 선물은 받는 대상이 기뻐하기를 바라고 주지만, 그 기뻐하는 모습을 보고 기뻐질 나를 위한 것이기도 하다. 때로는 내가 나에게 선물을 한다. 위로든 휴식이든 칭찬이든.

개인적인 공간을 청소하는 것도 나를 위해 열심히 땀 흘리는 나의 모습이다. 땀을 흘리며 몸의 노폐물도 빼내고, 편안하고 깨끗해진 곳에서 기분 좋은 음악을 들으며 좋아하는 차를 마시는 것은 내가 나를 대하는 방법을 보여준다. 그 누구보다도 나를 위해 공간을 단장하는 것이다. 그래서 '나를 위한 청소'는 나의 노동력이 투여된 것이어도 대우받는 기분을 준다. 사랑은 표현이다. 이 말은 내가 나를 사랑할 때도 적용된다.

> 수고했어 오늘도
> 아무도 너의 슬픔에 관심 없대도
> 난 늘 응원해, 수고했어 오늘도
>
> — 옥상달빛, 〈수고했어, 오늘도〉 중에서

미국 풋볼 감독 루이 홀츠는 2015년 프란시스칸 대학 졸업 연설 중 이런 말을 했다. "사람들에게 힘들다고 하지 마세요. 90퍼센트는 관심 없고 10퍼센트는 기뻐할 겁니다." 나의 기쁨과 나의 슬픔을 있는 그대로 받아들이는 것은 대부분의 경우 바로 나 자신뿐이다.

청소 끝에 아물다

청소와 상처

끝이 있는 이야기

반 고흐의 그림인 듯싶지만 어딘가 느낌이 다르다. 방이 정리가 되어 있다. 스위스의 코미디언 겸 예술가인 우르주스 베얼리의 〈아트 정리하기〉 시리즈 중 하나이다. 그는 고흐가 아를에 있는 자신의 방을 그린 작품인 〈아를의 침실〉을 정리했다. 잡동사니를 침대 아래로 밀어 넣었고 벽에 걸려 있던 거울과 액자, 방 한쪽에 있던 책상과 의자까지 모두 침대 위로 올려놓았다. 말끔하게 정리된 고흐의 방은 더 이상 예술가 고흐의 방이 아니다. 고흐는 영원불멸의 예술로 자신의 방을 박제해놓았

우르주스 베얼리, 〈아트 정리하기 *Tidying Up Art*〉, 2003.

기 때문에, 그 박제를 깬 것은 이미지를 차용한 또 다른 작품일 뿐, 고흐의 방과는 거리가 멀다.

고대 그리스의 의학자 히포크라테스의 아포리즘은 '인생은 짧고 예술은 길다*Life is short, art is long*'라는 문장으로 시작한다. '아트*art*'를 고급 기술이나 의술의 의미로 사용한 말이지만 현대에 와서 '파인 아트*fine art*'로 한정하여 쓰는 경우가 더 많은 것은, 세상이 이제는 오랫동안 변하지 않는 기술을 원하지 않기 때문이다. 자고 일어나면 신기술이 발표되는 요즘은 인생보다 기술이 짧아 보인다.

학창 시절 슬럼프에 빠져 공부에 집중이 안 되면 방의 책상과 책장 같은 가구들을 옮겼다. 지금이야 드라이브를 하거나 잠깐 여행을 다녀올 수도 있겠지만 10대에는 기분 전환을 위한 행동과 시간에 제한이 있었다. 슬럼프에서 탈출하기 위해 내가 할 수 있는 가장 효과적이면서 유일한 일이 방의 가구들을 다시 배치하고 대청소를 하는 것이었다. 채광이나 동선을 고려한다면 기존의 배치가 최선이었지만, 오랫동안 익숙해 있던 가구들의 위치를 바꾸고 나면 침체되었던 기분이 움직이고 체력도 생겼다. 그리고 가구를 이리저리 옮기다 보면 평소 손이 닿지 않던 묵은 먼지까지 청소되어 방이 더 깨끗해졌다. 변화는 기분을 전환하고 에너지를 올리는 데 최선이다. 세상에 변하지 않는 것은 없다. 보는 주체로서의 내가 변하고 객체로서의 대상이 변하니, 변화가 자연스러운 것은 당연한 이치다. 매번 다른 날을 살며 나이를 먹어가는 인간이 무엇인가가 변하지 않기를 바라는 것은 모순이다.

청소 끝에
철학

빈센트 반 고흐, 〈아를의 침실*Bedroom in Arles*〉, 1888.

인간의 가장 큰 특징도 바로 그 '유한함'에 있다. 영화 〈바이센테니얼 맨〉에는 인간이 되고 싶은 로봇 앤드류가 나온다. 인간이 되고 싶어서 외모를 인간처럼 바꾸고 행동도 인간처럼 한다. 하지만 인간이 되기에는 결정적으로 부족한 것이 있었다. 인간적인 것은 자신처럼 불변하는 기계가 갖지 못하는, 시간이 지나면 늙고 언젠가 사라지는 유한한 삶에 있기 때문이었다. 그래서 앤드류는 자기 안에 내장된 부품을 조정해서 시간이 지나면 언젠가 끝이 날 수 있도록 존재를 유한하게 만든다.

끝이 없을 것 같은 느낌은 지루함을 넘어 불편하다. 우주의 끝에 대한 이야기는 신비로움이나 궁금증을 유발하기보다 불편하고 두려웠다. 1998년 개봉한 영화 〈여고괴담〉이 흥행에 성공하고 이후 속편이 5편이나 만들어질 정도로 관심을 끌었던 것은, 같은 반에서 똑같은 모습의 학생으로 머무르고 있던 귀신의 이야기가 섬뜩함을 효과적으로 만들었기 때문이다. '지금' 주변의 사람들과 함께 시간을 보내는 것이 행복이다. 그래서 늙지 않거나 시간이 거꾸로 가는 것은 축복이 아니라 저주이다.

연인의 사랑을 다루는 영화나 드라마에서 그들이 다투는 장면에 가장 흔히 나오는 말은 '변하다'이다. 한쪽이 상대방을 향해 너는 변했다며 실망한 투로 대사를 내뱉는다. 이때 상대방도 미안한 기색이 없다면 대사로는 나타나지 않지만 '넌 왜 나를 보는 시선이 변했니?'라고 되물어 보는 것이다. 변하지 않았으면 좋겠다는 말은 실제로 변하지 않기를 바라는 것이 아니라 세상을 사는 속도, 변하는 속도를 자신과 맞춰달라는 말과 같다. 움직이는 차 안에서 밖을 볼 때 같은 속도로 달리는 차가 있다면 어느 한쪽이 더디 가거나 먼저 가는 것 없이 함께 갈 수 있다. 그래서 '우리 변하지 말자'라는 말은 '우리 서로 평행하게 함께 변해가자'라는 말로 해석할 수 있다.

어릴 적 드라마나 만화를 볼 때도 '끝이 있는' 이야기가 좋았다. 명작 동화를 만화로 만든 것을 특히 좋아했는데, 줄거리를 이미 알고 있어서 명확하게 끝이 있다는 것을 인식하고 볼 수 있었기 때문이다. 영국의 작가 마리 루이즈 드 라 라메가 '위다'라는 필명으로 1872년 벨기에의 작은 시골 마을인 플란다스를 배경으로 쓴 동화 〈플란다스의 개〉를 TV애니메이션으로 볼 때는 마지막 회가 시작하자마자 눈물이 나왔다. 네로와 그의 충견 파트라슈가 죽는다는 것을 알고 있었기 때문이다. 하지만 비극이어도 끝이 있는 것을 보는 게 나았다. 평소 잘 보지도 않던 연속극도 마지막 회라고 하면 관심이 간다. 궁금해서라기보다 내가 보지 않으면 나에게는 끝이 없는 이야기이기 때문이다. 영원불멸을 추구하는 것은 유한한 인간이 창작한 예술로 충분하다.

상처를 위한 시간

청소를 하면서 의자를 옮기다 방문을 찍어 자국이 났다. 원목 문양의 깨끗한 방문에 자국이 나니 무척 신경이 쓰였다. 방문 앞을 걸레질할 때면 꼭 그 자국을 찾아봤다. 평소에는 들여다보지 않던 방문이지만 하루에 한 번씩은 찍힌 자국을 자세히 보고 어루만지며 속상해했다.

그러고 나서 2주 정도 해외에 나가게 되었다. 돌아와서도 정리해야 할 일이 있어 바쁘게 지내다 보니 한 달이란 시간이 훌쩍 지나갔다. 정신없는 나날을 보내고 일이 마무리될 때쯤 대청소를 해야겠다고 마음먹고 집 안의 먼지를 떨어냈다. 걸레질까지 다 마친 후 커피를 진하게 내려 찻잔에 담고는, 음악을 틀어놓고 소파에 앉았다. 평온하게 커피를 마시다가 문득 '아, 방문!' 하는 생각에 찻잔을 내려놓고 문 앞으로 급하게 갔다. 하지만 문짝요정이 왔다 갔나 싶을 정도로 도무지 그 찍힌 자국을 찾을 수가 없었다. 분명히 있어야 하는데 없으니 자국을 찾아내는 데 한참을 몰두했다. 마침내 자국이 나오자 반가움에 '아, 다행이다. 그렇지. 깜짝 놀랐네' 하고 가슴을 쓸어내렸다. 다시 찬찬히 보니 그렇게 눈에 띄는 자국은 아니었다. 몇 달 전만 해도 눈에 거슬려, 왜 하필 의자를 그 방향으로 돌렸을까 자책하고 후회하며 신경을 썼는데 원목 문양에 파묻혀 찾기도 힘들었던 것이다.

마음속 상처도 없어지는 것이 아니라 시간이 지나 다른 경험들에 묻혀 어디 있는지 못 찾거나, 찾아도 감정이 완화되어 무뎌지는 것이다. 안 좋은 기억을 원래 없던 것처럼 하는 것은 자신의 현재와 연결되는 과거의 존재를 부정하는 것이다. 그래서 기억을 부정하려 하면 마음속 상처를 되뇌는 것만큼 혼란스러워진다. 인큐베이터 속에서 배양되는 것이 아니라 사회에서 관계를 맺으며 살아가는 인간에게 흔적은 자연스럽다. 마음에 참기 힘든 자국이 파이기도 하지만 시간에 묻으며 살아간다.

청소 끝에
철학

그러나 충격이나 상처에 빨리 무뎌지고 싶어 너무 급히 손을 대거나 자신을 과신하면 탈이 난다. 어릴 적 돼지고기를 먹고 크게 체한 적이 있다. 구토를 하고 병원에 가서 약을 먹어 겨우 진정시켰다. 그 후 며칠이 지나 어머니가 저녁 반찬으로 제육볶음을 준비했는데, 나에게는 얼마 전 크게 체했으니 다른 반찬 위주로 먹으라고 말했다. 하지만 고기반찬을 워낙 좋아했던 나는 지금은 다 나아서 괜찮다고 대꾸하면서 저녁을 맛있게 먹었다. 그런데 그날 밤 잠을 자려 누웠는데 몸 여기저기가 가려웠다. 옷을 들춰보니 온몸에 두드러기가 나 있었다. 다음 날 일찍 병원에 갔더니 알레르기라고 했다. 의사는 최근에 돼지고기를 먹고 심하게 체해서 몸이 돼지고기를 독으로 인식한 거라고 했다. 나는 괜찮다고 생각했지만 내 몸은 아직 치유 중이었던 것이다. 그 이후 돼지고기가 약간만 들어간 음식을 먹어도 두드러기가 나서 한동안 못 먹다가, 시간이 더 지난 후 자연스럽게 알레르기 반응이 없어졌다. 마음의 상처도 자신에게 아무렇지도 않은 일이었다고 너무 급히 밀어붙이면 탈이 난다. 다 나았다고 생각해도 몸은 기억을 해서 방어적일 수 있다. 힘이 들 때는 자신에게 관대해지는 것이 도움이 된다. 스스로 빨리 나으라고 채찍질하기보다 괜찮다고 토닥여주는 것이 낫다.

1997년 심리상담사 루시나 아티가스는 멕시코의 아카풀코 허리케인 생존자들의 심리적 불안을 상담하면서, 안 좋은 기억으로 힘들 때 자신을 위로하는 방법을 제안했다. 양팔을 X자형으로 가슴에서 교차시켜 '괜찮아, 괜찮아'라고 말하며 토닥이는 행동이다. 그녀는 이것을 버터플

카린 거트너, 〈버터플라이 허그〉, 2008.

라이 허그butterfly hug라고 이름 붙였다.

　힘든 일이 있어서 타인에게 위로를 받을 때 위로해주는 상대방이 고맙기도 하지만, 자신과 같은 상황에 처하지 않고 위로해줄 수 있는 여유가 부럽게 느껴지기도 한다. 스스로를 위로하는 일이 효과적인 이유는 자신이 단순히 위로를 받아야만 하는 처지가 아니라 효과적인 위로를 해줄 수 있는 위치라는 것을 인지할 수 있어서다. 힘들 때 나를 위해 펑펑 울어준 나, 토닥여준 나를 보면 그래서 위안을 얻을 수 있다.

기억은 다르게 적힌다

끔찍한 범죄를 저지른 범죄자에 대한 뉴스를 보면 그도 과거에는 순수한 아이의 시절이 있었을 텐데 어쩌다 저렇게 변했을까 싶다. 시간을 따라 성숙의 산으로 오르는 그의 등반은 엉망이었나 보다. 시간의 힘은 크다. 같은 이야기라도 시간이 흐르면서 그에 대한 감정이 바뀌기도 한다. 〈플란다스의 개〉를 만화로 처음 봤던 어린 시절에는 이야기에 푹 빠져 네로와 파트라슈가 불쌍해서 굉장히 슬펐다. 하지만 시간이 많이 지나 다시 보았을 때는 죽는 순간에도 루벤스의 작품을 보고 싶어 했던 남다른 감수성에 천부적인 그림 실력을 가진 소년의 죽음이 안타깝게 느껴졌다. 성인이 되었으면 꽤나 성공했을 텐데 싶었다. 그리고 시간이 더 흘렀을 때 이 작품으로 상기되는 것은, 이 동화로 일약 유명해진 33세의 젊은 여성 작가였다. 마을에서 가장 부유한 부자가 자신의 딸이 가난한 네로와 친하게 지내는 것이 싫어서 네로에게 방화의 누명을 씌운다거나, 자신을 돌봐주던 할아버지까지 돌아가신 와중에도 열심히 살아가려 했던 어린 네로가 결국 추위와 배고픔에 얼어 죽는 스토리가 매우 자극적이라는 생각이 들었다. 그리고 이 동화를 원작으로 한 일본 만화가 크게 성공하자, 일본 기업 도요타가 작품의 배경인 벨기에 앤트워프에 네로와 파트라슈 동상을 기증했는데, 이 때문에 일본 관광객이 증가했다는 것도 흥미로웠다.

어릴 적 처음 접했던 스토리가 시간이 지나 다르게 다가오는 것처럼 개인의 경험도 시간이 지나면서 다르게 다가온다. 그래서 당시에는 힘들었던 기억도 시간이 지나면 다르게 느껴진다. 일정한 시간이 흐르면, 한 사건에 몰입하던 감정으로부터 한 발짝 뒤로 물러나 상황을 객관화하게 되기 때문이다.

청소 끝에
아물다

일본 기업 도요타가 벨기에 앤트워프에
기증한 네로와 파트라슈 동상.

　내가 초등학교 1학년 때, 나보다 약간 큰 여자아이가 자전거를 타고 빠른 속도로 내려오다 우리 집 앞에서 크게 넘어졌다. 당시 우리 집은 사람이 드나드는 문과 그 옆에 가구가 들어올 때만 여는 커다란 문이 있었는데, 그 사이에 붙여놓은 벽돌 모양의 장식에 귀를 박았다. 귀가 찢어져서 피가 나니 동네의 아주머니들이 급하게 뛰어와서 옆에 있던 나에게 빨리 집에 들어가 휴지와 반창고 등을 챙겨 오라고 했다. 집에 어른들이 안 계신 시간이라 혼자 이것저것 챙겨 헐레벌떡 나왔다. 아주머니들이 아이의 귀를 소독하고 닦은 후 반창고를 붙여주었지만 아이는 계속 동네가 떠나갈 듯이 울었다. 이제 그만 집으로 돌아가라고 해도 그 자리에서 일어나지 못하고 울고 있었다.

그때 내 눈에, 벽돌 장식의 한 부분이 떨어져나간 것이 들어왔다. 내가 평소에 아무리 발로 차도 꿈쩍도 안 할 만큼 단단했는데 그 아이가 방금 머리를 부딪쳐 떨어져나간 것이다. 그 순간, 저 아이는 지금 귀가 문제가 아니라 머리가 굉장히 아플 것 같다는 생각이 들었다. 내가 아는데 저건 절대 가볍게 다친 것이 아니었다. 나는 아주머니들에게 "이 것 봐요! 여기가 떨어졌어요!"라고 외쳤다. 아주머니들은 지금 그게 문제냐면서 나를 다그쳤다. 하지만 이 상황에 한해서는 내가 그 아주머니들보다 잘 아는 전문가였기 때문에 다시 크게 말했다. "여기 벽돌 장식이 떨어졌다고요! 이게 얼마나 단단했었는데요!" 그러자 아주머니들은 "얘, 그게 지금 문제니?"라며 더 큰 소리로 나를 다그쳤다. 당시 내가 조금 더 컸더라면, 이 아이는 단순히 귀가 조금 찢긴 외상이 문제가 아니라 머리에 크게 충격이 갔을 수도 있으니 빨리 아이의 어머니에게 연락을 해보라고 힘주어 말했겠지만, 그러기엔 너무 어렸다.

그날 오후 어머니에게 한바탕 혼이 났다. 아주머니들이 "그 집 둘째가, 아이가 다쳐서 피가 나는데 자기 집 벽돌 좀 부서진 거 가지고 난리를 치더라"고 부모님의 교육 방식을 운운하며 핀잔을 주었던 것이다. 부모님은 속상하기도 하고 또 교육을 위해서라도 나를 크게 꾸짖어야 한다고 생각해서, 그럴 때는 벽돌 부서진 것이 아니라 그 아이가 우선이라고 설명하며 나를 꾸중했다. 나의 의도는 그게 아니었기에 속상했지만 너무 어렸기 때문에 설명을 제대로 할 수가 없었다. 너무 서러워서 평평 울었다. 하도 악을 쓰며 울어서 더 혼났지만 목이 쉴 때까지 실컷 울었다. 그런데 그렇게 울고 났더니 복잡했던 머릿속이 오히려 좀 나아졌다. 오해는 받았지만 스스로 나쁜 일을 한 것은 아니라고 생각해서인지 반성보다는 비련의 여주인공 역할이라도 맡은 것처럼 감정에 빠져 나를 토닥였다. 비록 다음 날 눈은 퉁퉁 부었지만 늦게까지 푹 잘 잤다.

이 사건 이후 한동안 동네에서 몰려다니며 이야기를 전달하는 아주머니들이 싫었다. 긴 시간이 흐른 지금, 그 아주머니들의 나이가 되어보니 피를 흘리는 아이의 앞에서 나를 혼내던 마음도 이해가 되었다. 자신의 자녀에게 일어난 일처럼 급하게 뛰어와서 피를 닦아주던 장면이 크게 다가왔다. 아주머니들을 이해하게 되니 몰려다니는 동네의 아주머니들도 싫지 않게 되었다. 어릴 적 겪은 일들은 성장하면서 다양한 경험으로 희석되기도 하고, 과거에 큰 충격이었던 사건도 정신이 성숙해지면서 가볍게 이해하게 된다.

하지만 반대로, 과거에 가볍게 넘긴 일들이 현재에 충격으로 다가올 수도 있다. 정신분석학자 프로이트는 우리가 기억하고 있는 모든 것은 사실이 아니며 단지 사실을 재해석하고 재구성한 것이라고 했다. 과거의 기억뿐만이 아니라 현재 일어나는 일들도 과거 경험을 통한 도식 *schema*에 의해 해석된다. 기억이 왜곡되는 것은 사건이 일어난 시점은 과거이지만 해석되는 시점은 현재이기 때문이다. 프로이트의 환자 중에 광장공포증을 가진 여성이 있었다. 그녀는 특히 옷가게에 들어가는 것을 두려워했는데, 열두 살 때 한 옷가게의 점원들이 자신의 옷을 보고 비웃었고 그 이후 공포증이 생긴 것 같다고 말했다. 하지만 프로이트는 그녀와 깊은 대화를 하면서, 그녀가 여덟 살 때 어떤 가게에 들어갔는데 주인이 웃으며 그녀의 옷 위로 성추행했던 일을 어렴풋이 기억하는 것을 알아냈다. 당시 어린 나이의 그녀는 그 상황을 정확히 알지 못했지만, 이후 시간이 흐르면서 그 어렴풋한 기억이 자신을 괴롭히고 있었던 것이다.

더러워야 깨끗해진다

나는 청소를 할 때 양탄자처럼 넓게 깔려 있는 것을 손으로 잡고 크게 펄럭거리면서 터는 것을 좋아한다. 하지만 이런 식으로 청소를 도와주면 대부분 별로 달가워하지 않는다. 왜 가만히 잠자고 있는 먼지를 굳이 떨어서 뽀얗게 위로 올라오도록 만드느냐는 것이다. 나는 이렇게 하면 안에 박혀 있던 먼지까지 위로 올라와 화끈하게 청소할 수 있다고 대꾸한다. 그러면 사람들은 올라오지 않는 것은 들쑤시지 말라고 한다.

누구나 자신의 시야가 많이 머무는 곳에 신경을 쓴다. 그래서 청소에는 개인의 버릇이 녹아 있다. 청소의 패턴은 생활의 자취이다. 가끔 타인이 하는 청소를 보면 '어? 왜 거기는 안 닦지?' 하고 의아할 때가 있다. 먼지도 떠는 곳만 떨고 걸레질도 닦는 곳만 박박 닦는다. 그래서 먼지 하나 없이 반들반들한 부분이 있는가 하면 먼지가 수북하게 쌓여 있지만 전혀 건드리지 않는 곳도 있다. 높아서 손이 닿지 않는 책장의 가장 위칸이 그렇다. 주로 읽지 않는 책이나 오랫동안 그 자리를 지키고 있는 장식품 등 사용하지 않는 물건들로 채워져 있다. 이렇게 손이 닿지 않는 곳은 청소할 때 그냥 놔두게 된다. 귀찮다는 이유도 있지만 그곳의 먼지는 건들지만 않으면 아래로 떨어지지 않기 때문이다. 따라서 먼지 없이 깨끗해진 공간에 만족하며 "청소 끝!"을 외치는 것도 자신의 시야에 들어오는 부분에 한한 것이다.

그러다가 집에 중요한 손님이 오거나 인테리어 공사를 하게 되어 크게 대청소를 할 때면 손이 닿지 않는 공간까지 먼지를 떨어내게 된다. 묵은 먼지가 보이고 평소에 신경 쓰지 않던 곳까지 드러난다. 삭신은 쑤시지만 대청소를 마치고 나면 집의 기운이 다시 올라오는 것 같다. 대청소의 묘미이다. 사실 대청소나 평소의 일반적인 청소나 마친 이후 눈에 보이는 차이가 그렇게 크지는 않다. 하지만 눈에 보이지 않는 곳까지 말끔하게 청소되어 묵은 먼지가 없다는 사실로 내 혈관까지 말끔히 청소된 기분이 든다.

청소는 기본적으로 흐트러뜨리는 것이 아니라 모아서 버리는 행위이다. 내 주위의 먼지를 없앤다고 후후 불어버리면 그 먼지들은 슬금슬금 영역을 확장해서 다시 나에게 오기 때문이다. 넓게 퍼진 먼지와 쓰레기를 빗자루로 한곳에 모아보면, 그 전에 먼지가 그리 많지 않아 보였어도 꽤나 모인다. '모아진' 먼지들이 깨끗해진 공간을 증명해준다. 이 먼지를 쓰레받기에 담아 버리는 것이 바로 청소이다. 눈에 잘 보이지 않았던

before   after

지면 광고에서 가장 많이 사용하는 방법은 상품의 효과를 가장 극적으로 나타낼 수 있는 'before and after' 이미지를 보여주는 것이다.

것들을 한데 모아 실체를 만들고, 이것을 버리는 것. 그 행위와 과정을 인식하는 것이 깨끗함을 향유하는 시작이다.

1999년, 봄의 기운이 만연했던 4월 2일에 서울시는 '깨끗한 새 서울 가꾸기'를 위해 봄맞이 범시민 대청소를 실시했다. 아침 7시부터 8시까지 1시간 동안 광화문 교보빌딩에서 동대문까지 시민 1600명과 공무원 4742명, 군인 260명 등 무려 6602명이 참가한 대청소였다. 이날을 위해 서울시는 환경미화원들이 매일 하던 새벽청소를 그 전날에는 하지 않도록 했다. 대청소 행사 때 치울 '넉넉한' 쓰레기가 필요했기 때문이다. 이미 깨끗해 보이는 종로 일대를 다시 청소했다면 대청소의 취지를 효과적으로 살리지 못했을 것이다. 청소할 쓰레기가 있어야 치우는 맛이 있고, 청소로 인해 깨끗해진 공간을 눈으로 확인할 수 있다.

　쌓았다 치우면 그만큼 명확하게 치워진 것을 알 수 있다. 스위스의 정신과 의사 카를 구스타프 융은 행복에 슬픔이 필수라고 했다. 슬픔이 없다면 행복은 그 의미를 잃어버린다는 것이다. 또한 슬픔의 감정은 가슴에 꾹꾹 눌러 담아 썩히는 것보다 차라리 더 키워서 풍선처럼 뻥 하고 터뜨리는 것도 도움이 된다. 슬픈 일이 있을 때 웃긴 영화를 보는 것보다 슬픈 영화를 보는 것이 감정 해소에 도움이 되는 이치와 비슷하다. 1985년 미국 미네소타주 램지종합병원의 윌리엄 프레이 박사 등 연구진은 육체적 자극에 의해 나온 눈물과 감정이 고조되어 나온 눈물의 성질을 비교하는 실험을 했다. 양파를 잘게 썰어 눈가에 대고 흘린 눈물과 슬픈 영화를 보고 흘린 눈물을 채취해서 성분을 분석한 결과, 감정이 고조돼 흘린 눈물에만 카테콜아민이 다량 함유되어 있었다. 카테콜아민 호르몬은 몸속에 많이 쌓이면 다양한 질병을 야기하는 것으로 알려져 있는 물질이다. 슬픔을 표출하는 눈물은 몸속의 유해한 물질을 배출하고 이를 통해 자신을 위로한다.

왜 버리지 못하나

대학생이었던 언니가 멋을 잔뜩 내고 나가면, 어디 가는지 궁금한 게 아니라 방이 엉망진창이겠다는 생각이 먼저 들었다. 언니는 몸의 단장은 그렇게 신경 쓰면서 방의 청결은 나 몰라라 했다. 단정한 외모 덕에 사람들에게 깔끔하다는 칭찬을 들었다는 언니의 자랑에 가족 모두는 박장대소했다.

　옷이나 음식과 달리 청소는 가치관이나 성격보다는 심리적인 상태를 말해주기도 한다. 타인과의 관계에서 자신을 드러내는 것이 아니라 개인적 생활의 일부이기 때문이다. 이와 관련된 아이러니한 일화가 있다. 한 친구가 점심식사에 초대를 해서 몇 명이 그 집에 모였다. 깨끗하게 정돈된 집에 정갈하게 차린 음식이 미리 준비되어 있었는데, 미니멀한 인테리어와 조미료를 넣지 않은 음식 모두 그녀의 성격을 담고 있었다. 식사를 마치고 친구는 그릇들을 물이 가득 담긴 설거지통에 넣고, 커피를 내려주었다. 잠시 이야기를 하다 친구는 슬며시 일어나 부엌 쪽으로 가더니 설거지를 시작했다. 커피 식으니 같이 마시고 나중에 하라고 했더니 친구는 지금 바로 해야 세제 없이 잘 닦을 수 있다며, 아무리 깨끗이 헹궈도 세제는 잔여물이 남기 때문에 소량의 베이킹파우더로만 씻는다고 했다. 우리의 불편한 기색을 느껴서인지 급하게 설거지를 마친 친구는 도시 생활 속에 굉장히 많은 화학물질이 있다면서 이들이 입이나 호흡기로 들어가는 것을 조금이나마 줄여야 한다고 한참 설명했다. 작은 습관을 바꾸면 가족의 건강과 지구를 지킬 수 있다고 자신의 노하우를 몇 가지 알려주기도 했다. 나도 고개를 끄덕이며 집에 갈 때 거친 수세미를 하나 사 가야겠다고 생각했다. 그러고 나서 화장실에 가려고 문을 열었는데 하얗게 빛나는 타일과 번쩍거리는 샤워기와 세면기 손잡이가 눈에 들어왔다. 하지만 이보다 더 빨리 눈에 들어온 것은 표백제의 강렬한 자극이었다. 눈이 남보다 민감한 나는 약간의 자극만 들어와도 붉게 충혈되고 눈물이 나기 때문에 급히 나올 수밖에 없었다.

청소는 자신의 취향을 돌아볼 기회를 주고 이를 확고하게 만들어준다. 옷장을 정리하고 장식장에 놓인 수집품의 먼지를 떨어내거나 서재의 책을 정돈하면서 자신의 취향을 구체화하는 동시에 스스로에게 이를 명확하게 알려주는 것이다. 예컨대 물건을 정리하다 버리는 물건이 생길 때 자신이 애장하는, 혹은 정도를 넘어 집착하는 물건이 무엇인지 알게 된다. 소유한 것들이 자신을 드러낼 수 있기 때문에 수집가는 수집 자체를 즐긴다. 예를 들어 책을 읽기 위해서보다 소장하기 위해서 구입하기도 한다.

> 수집가는 단순히 물건의 본질적 기능에 머무르는 것이 아니라 그것을 소유했을 때 느끼는 희열까지 수집품에 포함시킨다. 또한 수집품은 이와 관련된 시대와 지역, 솜씨 등 내재된 본질적 특징이 한데 뭉쳐져 수집가에 의해 다양하게 잉태될 수 있는 마력의 백과사전이 된다.
>
> —발터 벤야민, 《발터 벤야민의 문예이론》 중 수집에 관한 강연에서

대청소를 하다 보면 뭐 또 정리할 것 없나 하고 평소에 열어보지 않던 서랍이나 깊숙이 넣어놓은 상자를 열어보게 된다. 한때 열심히 모았던 배지가 잔뜩 들어 있었다. 옷이나 가방에 구멍이 나는 것이 싫어서 배지를 사용하지는 않지만 길을 가다 파는 상점이 보이면 매번 들러 구매하곤 했

다. 달고 다닐 생각이 없는데도 살 때는 어느 것이 더 나을지 한참 고민하며 시간을 끌었다. 마음에 꼭 드는 배지를 발견해 사 오는 날은 기분이 좋아 집에 와서도 이리저리 자세히 살펴보았다. 배지를 모으는 일 자체가 감성적이고 감각적인 나의 취향을 드러내며, 모은 시간과 양이 이를 증명해준다고 생각했다. 그런데 배지를 모으는 일에 흥미가 점점 떨어지면서 배지가 든 상자는 서랍의 맨 아래칸으로 내려갔다. 몇 년 만에 꺼내보니 구매할 때 하나하나 꽤 신경 써서 고르던 당시의 내가 생각났다. 그러나 그 배지들이 더 이상 나의 취향을 드러내지는 못했다. 그렇다면 보관되는 게 아니라 자리만 차지하는 것이므로 잘 싸서 버렸다.

소유하는 물건은 소유자의 특성을 보여주기 때문에 누구에게나 소유욕은 자연스러운 것이다. 하지만 물건에 대해 차별적으로 가지는 소유욕이 아니라, 취향과 상관없는 무조건적 집착은 치료가 필요한 저장강박증에 가깝다. 수집은 자신의 취향을 드러내는 수단이지만 저장강박증 환자들의 저장은 자신을 물건 안에 숨기는 수단이다. 심리 전문가인 랜디 O. 프로스트와 게일 스테키티가 쓴 《잡동사니의 역습》은 물건을 버리지 못하는 '저장강박자'들을 소개한다. 사람이 움직이지도 못할 정도로 물건이 가득 차서 결국 밖으로 나오지 못해 집 안에서 죽은 사람들까지 있었다. 집 안을 가득 채운 물건들은 그들에게는 버리지 못하는 소중한 것이었을지 모르지만, 대부분 쓰레기에 가까운 쓸데없는 것들이었다. 이러한 사람들이 물건을 버리지 못하게 된 원인에 과거의 트라우마가 있는 경우가 많았다. 어떤 트라우마로 인해 물건을 버리지 못하는 습성이 생긴 이들은 물건의 소유를 통해 기쁨을 느끼고 불안감을 해소했다. 물건의 소유를 통해 심리적 불안감을 해소했기 때문에, 그것을 잃으면 만족감이 빠져나간다고 생각해서 버리지 못하는 것이었다. 또한 자신이 모은 물건들이 자신의 정체성을 이루고 있다고 생각해서 이를 버리는 것은 자신의 일부가 빠져나가는 것이라 인식했다.

최근 우리나라 매스컴에도 집 안에 폐물을 비롯한 각종 물건을 쌓아놓아 본인이 집을 사용할 수 없을뿐더러 악취가 심하게 풍겨 이웃의 원성을 사는 저장강박증 환자들이 심심찮게 나온다. 심리상담사들이 상담을 통해 그들을 설득하는 과정이 소개되기도 하는데, 대부분 활용도가 떨어지는 물건들을 대단한 가치가 있는 듯이 말한다. 상담사의 설득으로 물건들을 처분하겠다고 밝힌 한 여성은 자식들에게 하나하나 물려주면서 정리를 하겠다고 했다.

중국의 설치미술가 송동은 그의 작품 〈버리지 않으면〉에서 어머니가 버리지 못했던 물건들을 모아 전시했다. 그의 어머니는 중국 문화대혁명의 불안정한 시기에 남편이 심장마비로 갑자기 죽자 충격으로 힘들어하던 중 저장강박증세가 심각해졌다. 송동은 그의 어머니가 50년 동안 버리지 못한 물건들과 함께 집 안에 박제되는 것을 안타까워하다 모조리 끌어내기로 결정한다. 한 사람의 축적된 자취를 예술화하며 저장품들을 통해 당대 상황을 예측할 수 있는 실험적 작품으로서 성공적이었지만, 그녀의 힘들었던 정신적 상황과 집착을 보여주는 어마어마한 물건의 양은 안타까움을 불러일으킨다.

송동, 〈버리지 않으면 *Waste Not*〉, 2009.

물건에 대한 집착과 애정은 다르다. 단순히 소유에만 집착하는 물건에는 취향과 삶의 흔적이 들어 있지 않다. 하지만 애정을 준 물건에는 자신의 생활이 기록되면서 삶이 투영되기도 한다. 어려운 이웃의 집을 고쳐주는 TV 프로그램을 보면서 이를 느낀 적이 있다. 제작진과 전문가들이 집을 보수해 벽지를 말끔하게 바르고 가구도 새것으로 교체했다. 낡고 오래된 집에서 살던 가족들은 새롭게 단장된 집을 보자 감격스러워했다. 그런데 집에서 오랜 기간 가족의 옷과 물건을 보관해주고 튼튼하게 제 역할을 해왔던 낡은 옷장이 처분을 기다리며 밖에 나와 있는 것을 보고, 가족들 중 어머니가 눈물을 흘렸다. 그녀는 옷장을 어루만지며 그동안 고마웠다고 이야기한다. 오랫동안 사용한 물건에 대한 애정은 자신의 삶에 대한 애정이기도 하다.

걱정을 저장하는 인간

심리학자인 어니 젤린스키는 저서 《느리게 사는 즐거움》에서 우리가 하는 걱정거리의 40퍼센트는 절대 일어나지 않는 일에 대한 것이라고 했다. 30퍼센트는 이미 일어난 일들에 대한 것이고, 22퍼센트는 걱정할 필요가 없는 사소한 사건에 대한 것이며, 4퍼센트는 우리가 절대 바꿀 수 없는 사건에 대한 것이라고 했다. 나머지 4퍼센트만이 우리가 바꿀 수 있는 일에 대한 걱정이다. 결국 우리가 하는 걱정의 96퍼센트는 쓸데없는 걱정이라는 것이다.

강박관념에 대한 심리상담을 받기 위해 프로이트를 찾아간 젊은 남성은 그의 아버지나 자신이 좋아하는 여성에게 안 좋은 일이 일어날 것 같은 상상을 하고 때때로 자해 충동이 일어나는 것에 대해 몹시 힘들어했다. 그에게 강박관념이 생긴 것은 군대에서 쥐를 이용한 고문 방법을 들은 이후였다. 살아 있는 쥐를 병에 넣은 후 그 병의 입구를 죄수나 포로의 엉덩이에 꽂으면 쥐가 올라가 내장을 파먹는다는 이야기였다. 물론 누군가 지어낸 허풍이었다. 군인들이 둘러앉아 사실 여부가 확인되지 않은 시시콜콜한 이야기를 하던 중 나온 것인데 유독 그 이야기가 그 젊은 남성을 괴롭혔다. 프로이트는 그가 이야기에 사용된 단어들을 통해 또 다른 단어들을 연상했고, 그 연결 과정에서 무의식이 결부되며 그를 괴롭혔다고 분석했다.

무의식에서 언어들이 연결되며 자신을 괴롭히는 정신분석적 메커니즘이 아니더라도 스스로를 괴롭히는 상상을 하는 경우가 종종 있다. 어렸을 적에 침대 밑에 귀신이 산다는 말을 듣고 한동안 침대에 누울 때마다 두려웠는데, 당시 잠자리에 들 때마다 힘들었던 것은 그 이야기를 해준 언니 때문이 아니라 계속 기억을 되새기던 나 자신 때문이었다.

강박장애 가운데 끊임없이 손을 씻는 증상에 대해 1879년 윌리엄 알렉산더 해먼드 박사는 '결벽증'이라는 단어를 고안하였다. 결벽증 환자들은 정신적 충동이 통제되지 못해 강박관념으로 이어지고, 특히 오염과 세균에 대한 공포로 지속적으로 손을 씻고 청소를 한다. 자신도 분비물을 배출해내는 유기체이지만 자신의 몸에 닿는 모든 것을 오물로 인식하고 기피한다. 지금 손에 묻은 흙이 극도로 싫은 이유는 앞으로 이 흙 안에 있던 세균이 영향을 끼쳐 자신의 몸이 오염되고, 그 결과 자신이 크게 해를 입을 것이라는 걱정을 적극적으로 하기 때문이다.

캐나다의 피아니스트 글렌 굴드도 결벽증이 심했다. 그는 1957년 스탈린이 사망한 후 소련정부가 서방과의 교역을 추진하면서 냉전의 침묵을 깨고 초대한 최초의 북미 예술인이다. 굴드는 자신이 사용하는 피아노 의자를 항상 가지고 다녔으며, 세균이 옮을까 봐 사람들과의 작은 접촉도 꺼렸다. 또한 병원을 세균의 온상이라고 생각해서 극도로 싫어했는데, 몸의 상태가 악화되었을 때도 병원에 가는 것을 거부하면서 치료가 늦어져 뇌졸중으로 50세를 갓 넘긴 나이에 사망했다.

강박장애 환자들은 충동적 에너지가 있는데 이 에너지가 자신을 괴롭히는 데 사용된다. 결벽증 환자가 쉬지 않고 청소하고 끊임없이 손을 씻는 이유는 현재가 아닌 앞으로의 걱정을 지우기 위한 노력이다. 심각한 정신적 증세가 아닌 가벼운 결벽증 증세를 보이는 아이들에게 '너는 흙 안에 있는 오염물질보다 훨씬 강하기 때문에 오염물질은 너의 손을 통해 몸 안으로 침투되지 않는다'라고 말해주고 흙 묻은 손을 바로 물로 씻어 깨끗해진 모습을 보여주면 빠르게 호전된다고 한다.

중앙아메리카의 과테말라에서는 아이가 밤에 두려움과 걱정으로 잠들지 못하면 부모가 천으로 만든 작은 인형 여러 개를 통에 담아 주면서 걱정이 생기면 인형에게 말하라고 한다. 아이가 인형에게 걱정을 말하고 베개 밑에 넣어두면 부모는 몰래 그 인형을 치워버린다. 그리고 인형

과테말라에서 유래한 '걱정인형'. 밤새 베개 밑에 넣어두면 걱정을 가져가 준다는 인형이다.

이 아이의 걱정을 가져갔다고 말한다. 아이는 자신이 둔 자리에서 인형이 없어진 것을 보고 자신의 걱정도 함께 사라졌다고 확신하며 평온을 되찾는다. 그 인형들을 '걱정인형'이라 부른다.

구체화된 형태는 눈에 보이는 사실이므로 '치워진 사실'도 존재할 수 있다. 눈에 보이지 않으면 치울 수 없다. 깨끗해진 것을 확인할 수 없고 따라서 깨끗해졌다고 느끼지 못하기 때문이다. 쓰레기를 한데 모아 버린 후에야 깨끗해진 자리를 인식할 수 있듯이, 걱정인형이 걱정을 갖고 사라진 자리에는 아이들의 미소가 남는다.

직접 느낄 수 있는 것을 다루고 이에 충실하게 살아가는 것이 피로를 덜 느끼는 방법이다. 굳이 앞으로의 일을 상상하며 미리 지우려고 노력하는 것은 힘이 든다. 청소는 현재에 과거를 치우는 일이다. 일어나지 않은 미래의 일을 치우는 것은 불가능하다. 삶의 흔적이 쌓여 치워야 한다고 느껴질 때가 그 흔적이 치워지는 시점이다. 다시 지저분해지면 그때 또 치우면 된다. 삶도 그렇다.

청소 끝에 사회를 읽다

청소와 노동

05

계획을 위한 계획

라디오에 출연해서 인터뷰를 하는데 앞으로의 계획이 무엇이냐는 진행자의 마지막 질문에 '식당에 가는 것'밖에 떠오르지 않았다. 너무 배가 고팠기 때문이다. 하지만 그런 답변을 원하지 않는다는 것을 알기 때문에 다른 말을 찾느라 버벅거렸다.

사회 속에서 '앞으로의 계획'이란 주로 가치를 만들어내는 일을 의미한다. 마흔 살이 훌쩍 넘은 지금은 해야 할 일을 까먹지 않기 위해 메모는 하지만 구체적인 계획을 세우지는 않는다. 하지만 예전의 나를 되돌아보면 숨 쉬는 것처럼 당연하고 자연스럽게 계획을 세웠다. 특히 10대에는 공부를 시작하기 전에 무조건 계획부터 짰다. 빡빡하게 공부 계획을 세우는 버릇은 20대와 30대까지 유지되었다. 꼭 그대로 따르지는 못하더라도 계획을 세우고 나면 뿌듯했다. 로또를 사놓고 당첨번호가 발표되는 전날까지 당첨되면 뭐부터 할까 고민하는 것처럼. 계획을 세우고 나서 이것만 따라 하면 시간을 효율적으로 보낼 것이라 생각하며 이미 일정을 다 소화한 것처럼 만족했다.

계획은 일 년을 기준으로 세운 후 이 계획을 이루기 위한 세부계획으로 한 달 안에 해야 할 것들을 책정하고 더 세부적으로 일주일, 그리고 하루의 계획을 세웠다. 예를 들어 일 년 안에 토플 점수를 만점에 가깝게 받으려는 목표를 먼저 세우고, 이를 달성하기 위해 적합한 문제집들을 구매하고, 이 문제집을 각각 언제까지 다 풀겠다는 계획을 잡은

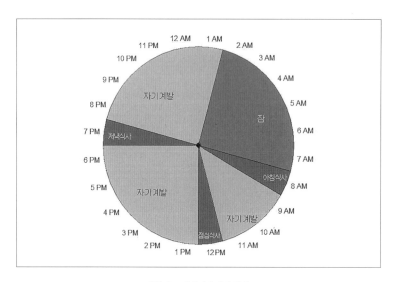

10대부터 30대까지의 나의 일과표.

후, 다시 이를 위해 하루에 몇 장씩 풀어야 한다는 계획을 세웠다. 계획의 내용은 대부분 사회 속 인간으로서 발전할 수 있는 방향이었다. 소위 '스펙'에 도움이 되는 것들이다. 젊은 시절 나는 사회가 원하는 인간형이 되기 위한 '자기계발'에 노력했던 것이다.

무엇을 위해 자신을 계발하고 관리해야 하는지, 또 이것이 구체적인 방법으로 가능한지에 대한 의문이 들기도 전에 자기계발 또는 자기관리란 말에 익숙해진다. 특히 자기계발이 필요하다고 인식되는 경우는 사회에 노동력을 제공하지 않거나 좀 더 효율적인 노동력을 제공하게끔 내몰리는 계층이다. 대학교 입시를 준비하는 청소년이나 취업을 준비하는 대학생, 특정 회사를 지망하는 사람들, 직장인과 여성 혹은 주부들이다. 자기계발을 하지 않으면 게으른 사람이라고 인식되고 효용성이 적은 인간형은 지양된다. 사회는 지도층의 자기계발에는 별다른 관심이 없다.

어릴 때 계획을 과도하게 잡은 이유는 내가 실행한 것을 계획과 비교하면서, 행한 것이 적은 나를 채찍질하며 자기반성을 하기 위해서였다. 계획을 통해 스스로 의무를 부여하고 그 계획대로 이행하도록 독려했다. 그것이 부지런한 인간형에 가까워지는 방법이라고 사회는 나를 세뇌했다. 나는 숨을 헐떡거리면서도 사회가 원하는 효용성 있는 인간이 되기 위해 힘을 쏟았다.

'열심히' 하는 것 중에
예외적으로 폄하되는 일

계획을 짤 때 명상하기나 커피 마시기 같은 사소한 것까지 넣었지만 청소는 넣지 않았다. 청소는 어머니의 일이지, 부지런히 자기계발을 하는 바쁜 나와는 상관이 없다고 여겼다. 거실에서 청소 좀 도와달라는 어머니의 목소리가 들리면 "공부 중!"이라고 크게 소리치면 그만이었다. 도와드리지 못한 것에 대한 미안한 마음도 전혀 들지 않았다. 나의 임무는 가족 모두를 위해 하는 청소가 아니라 나를 계발하는 것이라고 생각했기 때문이다. 가족구성원 모두를 위한 일은 희생이라고 생각해서 아직 여유가 없는 내가 그런 희생을 한다는 것은 뭔가 억울했다. 아직은 온 힘을 나에게 쏟는 것이 낫다고 믿었다.

오래전에 어머니가 자격증 시험을 본다고 했을 때 나와 형제들은 모두 반대했다. 자격증을 활용하지도 않을 것인데 왜 힘들게 따느냐는 둥 갖가지 이유를 대긴 했지만 사실 어머니가 가족을 위한 희생을 그만둔다면 그 피해가 우리에게 오기 때문이었다. 어머니가 해온 청소를 포함한 가사노동을 당연하게 받아들였던 것이다. 현재 가정주부인 동생은 그때 어머니에게 야박하게 군 것을 생각하면 죄송해서 눈물이 난다고 한다.

영어로 가족을 뜻하는 '패밀리 *family*'의 어원은 라틴어 '파물루스 *fămuŭlus*'인데, 이는 하인이나 가내 노예를 뜻했고 '파밀리아 *familia*'는 한 명의 주인이 소유한 노예를 통틀어 지칭하는 말이었다. 이 단어의 의미는 이후 한 명의 남성이 거느리는 하인과 아내, 아이 등 가족의 모든 구성원을 포함하는 것으로 확장되었다.

가정은 노동력이 필요한 곳이다. 또한 사회의 노동력을 위한 장소이기도 하다. 사회 속 일꾼을 생산해내며 이들을 충전시켜 다시 일터에서 적정 수준의 노동력을 제공할 수 있도록 만들어준다. 자신이 치우지 않았는데 깨끗해진 집은 가족을 위한 누군가의 희생으로 이루어진다. 영국 통계청이 2014년 12월 처음으로 경제활동에 무보수 노동의 가치를 포함하기 시작했지만, 자본주의 사회에서 구체적 잉여가치를 만들어내지 못해 이윤 추구가 불가능한 가사노동은 여전히 폄하된다. 통장에서 돈이 나간다거나 손에 돈이 쥐어지는 것이 아니기 때문이다.

'패밀리(family)'의 어원인 라틴어 '파물루스(famŭlus)'는 하인이나 가내 노예를 뜻했다.

외국에서 홈스테이로 한국인 가정에 머물렀을 때 아래층 부부가 싸우는 소리를 들었다. 청소를 도와달라는 부인의 말에 남편이 왜 매일 청소를 그렇게 열심히 하느냐고 물어보니, 힘들게 청소하던 부인이 서러웠는지 가족을 위해 청소하는 것 아니냐고 소리쳤다. 그러자 남편은 굳이 매일 할 필요는 없는데 하는 것 아니냐, 하루의 할 일을 구체적으로 정해놓고 그것을 열심히 하면서 느끼는 당신의 뿌듯함을 위한 것 아니냐며, 청소 때문에 가족에게 스트레스를 줄 것이면 일주일에 두 번 정도만 하는 것이 낫겠다고 대꾸했다. 깨끗한 환경에 대한 선호도가 남편보다 부인이 높았을 수도 있다. 하지만 노동력이 투여되는 모

청소 끝에
사회를 읽다

127

든 일에 '열심히'라는 부사가 덧붙기만 하면 극도로 찬양하는 자본주의 사회에서, 열심히 하고 있는 일에 대한 폄하는 일반적이지 않다. 부인은 남편의 대꾸에 속상해 보였지만 어차피 자신이 해야 할 일이라고 생각했는지 이내 청소를 이어갔다. 잉여가치가 없는 일은 착취당한다는 인식조차 불가능해진다.

청소를 어머니의 것으로 미뤄놓은 가족구성원들은 자신이 찾을 수 없는 물건의 위치를 어머니에게 물어보게 된다. 청소를 도맡아 하는 사람은 집 안에서 벌어지는 모든 것을 알고 있을 것이라 확신하기 때문이다. 또한 집 안의 정리정돈을 당연한 듯이 특정인에게 미뤄놓았으면서, 필요한 물건이 없어져 불편하면 왜 함부로 치웠냐고 버럭 화를 내기도 한다. 이렇게 이율배반의 행동을 하는 것도 청소의 포괄적인 영향력을 인식하면서도 당연하다는 듯이 한 사람의 의무로 몰아넣었기 때문이다.

가부장제 사회에서 청소를 비롯한 가사노동의 대부분을 어머니들에게 맡기면서 칭찬처럼 하는 말은, 여성 특유의 섬세한 기질이 가족을 보살피고 꼼꼼하게 청소하는 데 적합하다는 것이다. 이와 유사한 논리가 또 있었다. 산업혁명기 유럽의 굴뚝에서는 활발한 산업화의 물결을 증명하듯 끊임없는 잔재가 검은 구름처럼 흘러나왔다. 그러다 보니 굴뚝을 청소할 일이 많아졌는데, 성인이 들어가기에는 좁았기 때문에 아직 다 자라지 않은 미성년자들이 들어가서 청소를 했다. 어린 소년들은 몸이 작고 불만을 표출하지도 않아 굴뚝 청소에 적합했다. 그 소년들은 피부암이나 호흡기 질환으로 죽어갔다.

바실리 칸딘스키, 〈공장 굴뚝이 있는 풍경 *Landscape with factory chimney*〉, 1910.

사람은 기계가 아니므로 효율성을 따져 업무를 부과해서는 안 된다. 각각의 인생은 모두 다른 우주이다. 정치 철학자인 한나 아렌트는 저서 《인간의 조건》에서 인간의 활동을 노동*labor*, 작업*work*, 행위*action*로 분류하면서, 노동은 생존 유지를 위한 활동이고 작업은 자연적 환경에서 인위적으로 무엇인가를 만드는 제작 활동이며 행위는 자신의 정체성과 의지에 따른 활동으로 보았다. 아렌트에 따르면 기술 발전은 인간이 노동에 할애하는 시간을 점점 늘어나게 한다. 기본적 필요에 의한 노동이 아닌, 인간 자체가 기술 발전을 위해 노동을 제공하는 요인으로서 강조되는데 이는 인간성 유지를 위해 지양하도록 노력해야 한다고 주장했다. 생산을 위한 기계적 효율성을 인간에게 드리우는 것은 인간의 가능성을 스스로 비하하는 것이다.

혼자서, 다수를 위하다

자신이 자주 사용하면서도 어디에 있는지 모르는 노트북을 전혀 사용하지도 않는 어머니에게 물어보는 것은 어머니가 자신의 물건들을 돌보고 있다는 확신 때문이다. 자식들뿐이 아니다. 남편은 어제 회사에서 가져온 서류봉투의 위치를 물어본다. 어제 가져온 서류봉투가 무엇인지 설명도 하지 않았으면서 말이다. 노트북 사용법이나 회사에서의 일에 대해서는 이야기한 적 없지만 그것을 어머니가 정리하는 일은 당연하다는 듯 자연스럽게 묻는다. 그리고 정작 물건을 사용하는 당사자들이 아무리 찾아봐도 없던 노트북과 서류봉투를 어머니는 척척 찾아준다. 그러나 "엄마 가계부 어디 갔니?" 또는 "여보, 내가 어제 메고 나갔던 스카프 어디 있어?"와 같이 어머니가 가족구성원들에게 하는 질문은 어색하다. 물론 가족들이 찾아줄 수도 없다.

어릴 적 동생에게 생일선물로 커다란 벽거울을 만들어줬더니 시큰둥한 표정을 지었다. 마음에 안 드느냐고 물어보니, 생일선물로 가족이 다 같이 사용하는 쟁반이나 접시 같은 것을 주면 기분이 좋겠냐면서 버럭 짜증을 냈다. 생각해보니, 함께 사용할 수 있는 거울은 자신만 쓰는 것과 다르다. 선물은 자신에게만 주어지는 것일 때 더욱 특별하고 기분이 좋다. 특히 선물이 기분 좋은 것은 자신이 노동과 노력을 전혀 들이지 않고서 얻은 결과이기 때문이다. 인간은 이성적이어서 만족할 만한 선택을 하기를 원한다. 그래서 만족의 기준을 정하고 행동하는데 그 기준은 자아일 수밖에 없다. 정도의 차이는 있지만 이기적인 것은 인간의 주된 특징 중 하나이다. 혼자서 일했지만 결과적으로 자신보다 타인들에게 혜택이 돌아갈 때는 의욕을 내기 쉽지 않다. 다수의 사람에게 행해진 것이라면 명성이라도 얻겠지만 소규모 집단에서는 혜택이 거의 없다. 게다가 집단 구성원들이 이러한 개인의 노동을 고마워하지도 않고 당연시한다면 아무도 하려 하지 않을 것이다.

반면에 노동의 결과가 오롯이 자신에게 주어진다면 그 일은 희생에 따른 스트레스를 수반하지 않는다. 혼자 사는 유명인들이 나오는 〈나 혼자 산다〉라는 TV 프로그램이 있다. 한 출연자가 집에서 모과청을 만드는 모습이 나오자 또 다른 출연자가 "집에 가서 할 일이 있으면 좋지 않아요?"라고 말했다. 혼자 사는 이들이 시간을 보내기 위해 집을 꾸미거나 무엇인가를 만드는 것은 전적으로 자신을 위해 스스로 선택한 일이다. 이런 경우 노동의 결과로 대단한 혜택이 돌아오지 않더라도 다수를 위한 희생에 힘이 드는 것과는 다르다.

'닦다'라는 단어는 어루만지고 문지르는 것을 의미한다. 바닥이나 접시 등을 깨끗이 할 때뿐 아니라 도道나 학문, 무예를 익힐 때도 사용된다. 경기 전 스트레칭을 하는 김연아 선수에게 한 기자가 무슨 생각을 하느냐고 묻자 "무슨 생각을 해요. 그냥 하는 거죠"라고 답했다. '닦는다'는 것도 이와 비슷하지 않을까 싶다. 얼마큼 더 닦으면 끝이라는 생각보다는, 그냥 닦다 보면 무엇인가 되겠지 하는 심정, 혹은 그냥 지금 닦아야 해서 닦는 것 아닐까.

득도를 무념무상無念無想의 상태로 표현한다. 참는 것이 익숙해지는 시점이다. 하지만 그 내면에는 무수한 인내가 녹아 있다. '도를 닦는 것'이 특별한 사람만의 일이 아니라는 생각도 든다. 무능력한 상사의 짜증을 참아내는 것도 그렇고 학생들이 매 학기 시험을 치러내는 것도 그렇다. 알아주지 않아도, 언제까지 해야 할지 몰라도 혼자서 가족구성원들을 위해 집을 청소하는 것도 그렇다. 매일을 매일처럼 만드는 청소는 도 닦는 행위를 가장 잘 보여준다. 스님들이 아침에 시작하는 마당 청소는 도를 닦기 위한 준비가 아니라 그 자체부터 도를 닦는 행위이다.

부모님과 살다가 처음 독립했을 때 아침에 벗어놓은 옷들이 저녁에 집에 들어왔을 때까지 그대로 있는 것을 보고, 그동안 휙 던져놓은 옷들을 포개어 정돈해준 어머니의 존재가 얼마나 컸는지 알았다. 깨닫지는 못하지만 같이 살고 있는 사람 덕분에 오랜 시간 혜택을 받고 있다면, 혜택을 주는 사람이 희생하고 있는 것이다. 특히 희생한다는 티를 내지 않는다면 그는 도를 닦고 있는 중이다.

거실 구석구석을 닦느라 몸을 웅크리고 쉴 틈 없이 재빠르게 걸레질을 하던 부인을 물끄러미 보던 남편이 "당신 꼭 〈반지의 제왕〉에 나오는 '골룸' 같다"라고 농담을 던졌단다. 청소를 하던 부인은 너무 화가 나서 닦던 걸레를 남편의 얼굴에 던져버렸다. 무심코 던진 농담이었겠지만 부인이 크게 화를 낸 것은, 그동안의 무수한 날들처럼 그날도 도를 닦던 중이었기 때문이다. 남편은 몰랐겠지만.

2002년 미국 일간지 〈USA투데이〉가 '어머니의 날'을 맞아 시장조사 기관인 로퍼 ASW의 조사를 인용해 보도한 바에 따르면, 가사노동 중 어머니들이 가장 하기 싫어하는 일은 청소가 44%로 절반 정도를 차지하며 가장 높았다. 다음으로 요리(28%), 세탁(13%) 순이었다. 콧노래를 부르며 거실과 안방, 아이들 방을 차례로 쓸고 닦고 있었지만, 즐거워서가 아니라 덜 힘들게 하기 위한 노력이었던 것이다.

조제프 바이, 〈가정주부 *La Menagere*〉, 19세기경.

청소 끝에
철학

공간을 지배하는 자

청소는 활동의 자취를 따라 행해지기 때문에 공간 구성원에 대한 이해를 필요로 한다. 단순히 한 공간을 깨끗이 만드는 것을 넘어, 그 공간을 사용하는 모든 구성원에게 관심을 기울이는 일이다. 인턴으로 디자인실에서 일했을 때 나에게 주어진 업무 중 가장 큰 일은 청소였다. 매일 출근하자마자 사무실 안의 천 조각들부터 정리했다. 청소업체에서 전반적인 건물 청소를 해주었지만 디자인실만은 샘플을 위한 수많은 잡다한 것들이 쓰레기로 오인되어 버려질까 봐 인턴이 청소했다.

바쁜 직원들은 각자 자신의 역할에 충실했다. 몇 달간 사무실 청소를 하고 나니 직원들이 나에게 무엇인가를 물어보는 횟수가 늘어났다. 물건의 위치를 물어보기도 했고, 책상 위에 있던 우편물이 언제부터 그 자리에 있었는지 물어보기도 했다. 그리고 내가 어머니에게 한 것처럼 왜 치웠냐며 짜증을 내기도 했다. 그러면 힘들게 정리정돈하고 청소한 것이 억울해서 이제부터 그 사람 자리는 치우지 말아야지 마음먹었다가도, 정작 다음 날이 되면 꾹 참고 평소처럼 깨끗이 청소했다. 짧은 인턴 생활을 마치고 난 뒤에도 한동안 전화가 왔다. 명함이나 샘플 스와치의 위치부터, 최근 공장에서 계약했던 제품 종류까지 다양하게 물어봤다. 청소는 공간을 다루는 일이고, 공간에는 구성원들의 생활의 자취가 있다. 그래서 청소하는 사람은 영향력을 가지게 된다.

어린 시절 이른 아침마다 자신의 집 앞은 물론 동네 전체를 빗자루로 쓸던 할아버지가 계셨다. 지나가다 그 할아버지를 보면, 어른 아이 할 것 없이 모두 인사를 했다. 친구와 다투다가도 그 할아버지가 지나가면 교장선생님에게 들킨 것처럼 다툼을 바로 멈췄다. 웬만해서는 고개를 잘 숙이지 않는 중년 남성들도 그 할아버지를 보면 깍듯하게 인사를 했다. 단순히 한동네의 나이 지긋한 어른에 대한 공경의 표시를 넘어, 자신이 거주하는 공간을 관리하는 영향력을 가진 분에 대한 예의였다. 할아버지가 빗자루로 매일 동네를 쓰는 동안 사람들은 자연스럽게 인사하며 친분을 다지게 되었고, 누구도 그를 함부로 대하지 못하게 된 것이다. 또 할아버지의 집 앞에서는 쓰레기를 함부로 버리지 못하는 것은 물론 소리 높여 떠들지도 않게 되었다.

이렇게 공간을 관리하는 사람은 공간 구성원의 생활까지 다루기 때문에, 주종관계가 명확한 경우라도 쉽게 대할 수 없는 존재로 인식된다. 그런 점에서 과거 신분사회의 귀족도 하인들을 함부로 대하지 못했다. 프랑스의 극작가 피에르 보마르셰의 희곡《피가로의 결혼》에는 영리한 하인 피가로와 수산나에게 골탕 먹는 백작이 나온다. 또《걸리버 여행기》의 저자 조너선 스위프트가 쓴《하인들에게 주는 지침》(1745)을 보면, 주인의 절대적 권력보다는 하인들의 기만과 여유가 드러난다.

"급하게 방을 치워야 할 때는 지저분한 것들을 한쪽 구석으로 밀어 넣고 눈에 띄지 않도록 빗자루를 그 위에 슬쩍 덮어둔다."
"주인 내외가 일주일 이상 집을 비웠을 때 그들이 돌아온다고 한 시각의 한 시간 전부터 침실이나 식당에 걸레질을 하기 시작해라."

"요리를 하다가 실수로 국물에 작은 숯 조각이 하나 들어가면 꺼내기 쉽지 않다. 그러면 그냥 대충 휘휘 저어놓아라. 주인은 고급스러운 프랑스 요리의 맛으로 먹을 것이다."

"외출할 때는 주인의 허락을 받지 마라. 굳이 집에 없다는 사실을 알릴 필요가 없다. 동료 하인들에게도 어디 가는지 말할 필요가 없다. 주인이 찾는다면 그들은 당신이 2분 전까지만 해도 집에 있었다고 말해줄 것인데 이는 하인들끼리의 의무이다."

—조너선 스위프트, 《하인들에게 주는 지침》 중에서

요하네스 페르메이르, 〈연애편지
The Love Letter〉, 1669~1670.

청소 끝에
사회를 읽다

〈진주 귀걸이를 한 소녀〉로 유명한 네덜란드의 화가 요하네스 페르메이르의 〈연애편지〉는 하녀에게 연애편지를 건네받은 여인이 놀라는 모습을 보여준다. 편지를 전달한 하녀는 뒤에서 여유로운 눈빛으로 쳐다보며 서 있는 반면, 화려한 옷을 입고 손에 편지를 든 앞쪽의 여성은 불안한 표정이다.

청소를 돈으로 환산해보기

동생에게 전화를 했는데 어디 가는 중인 듯해서 물어봤더니, 집에 '요정님'이 오셔서 아이와 같이 밖에 나왔다고 말했다. 동생의 집에 찾아오는 요정님은 바로 가사도우미다. 그녀는 동생의 집에 일주일에 두 번 와서 청소를 하고 간다. 동생은 딸과 함께 잠시 외출했다 돌아오면 집이 깨끗하게 바뀌어 있는 것을 보고, 동화책에 나오는 요정처럼 기다란 봉으로 몇 번 휘저어 마법을 부리는 것 같다고 했다. 비용을 지불하기는 하지만 자신의 일손을 덜어준다는 감사함에 '님' 자를 붙여 요정님이라고 부르는 것이다.

그런데 요정님에게 일이 생겨 동생이 직접 청소를 해야 하는 날에는, 청소를 마치고 나서 단순히 집이 깨끗해졌다는 느낌 외에 돈을 벌었다는 생각이 들어 뿌듯하다고도 했다. 이는 가사도우미의 도움을 받기 전에는 느끼지 못했던 뿌듯함이었다. 비용이 생기면 가치가 구체화된다.

나도 이를 경험한 것이 꽤 오래전 일본에 갔을 때다. 편의점에서 물을 파는 것을 처음 보고, 돈을 내고 물을 사 먹는 것이 아깝지 않을까 생각했다. 그런데 얼마 지나지 않아 우리나라에서도 물을 팔기 시작했고 마시는 물을 사 먹는 것이 당연시되면서 식수에 대한 전에 없던 가치가 생겼다.

전통적으로 청소, 육아, 빨래 등 가사노동은 대부분 가족구성원에 의해 행해지면서 노동비용과 관련짓지 않았다. 하지만 이러한 가사노동을 위한 고용이 시작되고 보편화되면서 인식이 바뀌고 있다. 직장을 가진 맞벌이 부부가 아이를 친정이나 시댁에 맡기면서 "당신의 손주들이니 걸음마를 뗄 때까지 봐주세요"라고 말한다면, 그것은 "나 대신 회사에 나가 일을 하고 받은 보수는 내 통장으로 넣어주세요"라고 말하는 것이나 마찬가지다. 그래서 가족일지라도 육아나 청소 같은 가사노동의 일부를 부탁할 때 그 노동력에 대한 비용을 지급하는 경향이 생겼다. 상황에 따라 누군가 무보수의 노동력을 제공한다면 그것은 봉사활동처럼 도움을 주는 것이다.

노동에 가치가 부여되는 과정에서는 전문성이 생기게 된다. 가사노동의 전문화와 함께 가사도우미의 시간당 보수가 올라갔다. 가사도우미 외에도 정리정돈이나 청소 방법을 알려주는 전문적인 사람들이 등장했다. 정리수납전문가 자격증이 생겼으며 이를 소지한 이들을 정리수납 컨설턴트라고 부른다.

카지미르 말레비치, 〈바닥 청소부들*Floor Polishers*〉, 1912.

가사노동을 대신 해주는 일에 전문성이 부여되고 인건비가 올라가고 있지만, 외부 인력을 고용하지 않는 가정에서 가사노동을 도맡아 하는 사람의 노동에 대해서는 여전히 사랑과 희생이라는 이름으로 얼버무린다. 가사도우미의 임금은 국내총생산(GDP)에 포함되지만, 가족구성원이 하는 청소와 빨래에 대한 대가는 GDP에 잡히지 않는다. 가사노동의 경제적 가치 평가는 유엔의 권고사항이기도 한데, 우리나라는 이에 대한 구체적 연구나 기준이 미흡하다. 그래서 정부는 2018년 하반기까지 청소와 요리, 빨래, 육아 등 가사노동의 경제적 가치를 평가한 공식 통계를 개발하기로 했다. 미국의 웹사이트 인슈어닷컴은 매년 '어머니의 날'에 가사노동의 가치를 계산한다. 2015년에 전업주부가 하는 일을 다른 사람에게 보수를 지불하고 시키면 얼마나 드는지 계산했더니 1년에 6만 5284달러(한화 약 7500만 원)였다.

다양한 조사와 언론에서 가사노동의 가치를 치켜세우지만 실제 전업주부의 가사노동 가치를 환산해서 지불해야 할 때는 말이 달라진다. 법원 판례에 따르면 현재 국내 전업주부의 가사노동 가치는 일용직 건설노동자의 일당과 같다. 전업주부가 교통사고를 당해 피해보상금을 받을 때, 법원은 일용직 노동자의 평균 임금인 일용노임을 기준으로 계산한다. 2017년 국내 기준 일용노임은 10만 2628원인데, 전업주부의 가사노동을 휴일 없이 365일 일한 연봉으로 계산하면 3745만 원 정도이다.

익숙해서 몰랐던 고마움

《탈무드》에 이런 이야기가 있다. 한 노인이 무릎 정도 깊이의 냇가를 건너가야 하니 자신을 업어서 건네달라고 어떤 젊은이에게 부탁했다. 젊은이는 노인을 업어 건너편에 내려주었다. 그 이후로 어찌된 일인지 그 젊은이는 계속 사람들을 업어 냇가의 건너편까지 건너게 해주는 일을 하게 되었다. 하루는 그가 한숨을 푹 쉬면서 앉아 있는데 누군가 다가와 무슨 일이냐고 묻자, 이 일이 언제 끝날지 모르겠다고 대답했다. 그러자 질문한 사람은 자신을 업어 냇가의 건너편까지 가게 해주면 방법을 알려주겠다고 했다. 젊은이에게 업혀 건너편에 내린 그는 말했다. "다음에 길을 건너기 위해 당신의 등에 업히는 사람을 물 한가운데에 내동댕이치고 나오시오." 그는 가르쳐준 대로 다음에 업힌 사람을 물 한가운데에 내동댕이치고 바로 나와서 자신이 가고 싶은 길로 갔다.

지금 바로 닦던 걸레를 내팽개치면 다른 가족구성원을 대신해서 손에 물 묻히는 일을 그만둘 수 있다. 숙명이 아니라 희생이지만 노동에서 제외된 다른 구성원들은 그저 누군가의 숙명이라 생각하며 자신의 마음을 편하게 만든다. 그들이 오랜 시간 누려온 '깨끗한 환경'에는 얼핏 보면 빗자루와 걸레라는 저렴한 비용의 단순한 도구만이 사용되었다. 그렇다면 나머지는 모두 누군가의 끊임없는 수고와 노동력으로 채워졌다는 뜻이다.

물론 우리는 모두 각자의 인생을 살고 그 자리에서 노력한다. 모두 부분적으로 희생을 감수하며 산다. 누가 더 많은 희생을 하는지 따질 필요도 없고 또 따질 수도 없다. 희생의 과정에서 받은 상처는 혼자서 치유하기에는 버겁기 때문에 주변 사람의 보살핌과 사랑으로 이겨나간다. 특히 우리는 보살핌과 사랑의 많은 부분을 가족에게 의지한다. 하지만 가족이라는 명분으로 한 사람의 희생을 당연시한다면 그 한 사람은 누구에게 의지해야 할까. 자신을 위해 하는 일과 타인을 위해 하는 일은 다르다. 아무리 사랑하는 가족이라도 자기 자신은 아닌 것이다. 누군가를 사랑하는 것도, 자신을 사랑하기에 자신이 사랑하는 사람을 열성적으로 사랑하는 것이다.

"사회 초년병으로서 힘들었지만 이 경험을 통해 사회인으로 성장할 수 있을 것 같습니다." 인턴 생활을 마친 한 젊은이의 뉴스 인터뷰다. 인간은 누구나 자신의 발전을 원한다. 그래서 경험과 노력이 어떤 방식으로든 쌓여 남기를 바란다. 계속 앞으로 나아가기를 바라고, 힘들어도 그 과정에서 얻는 변화에 뿌듯해한다. 그러나 이 뿌듯함을 다른 사람에게 투영하는 것으로 만족해온 이들의 희생 덕에 우리는 오늘도 익숙한 환경 속에서 자신의 발전을 도모할 수 있는 것이다.

청소는 넓고 많은 것을 관리하는 행위이므로 청소하는 사람은 가족구성원에게 영향력을 가질 수 있지만, 대부분 그것을 마음대로 행사하거나 내세우지 않고 희생을 택한다. 그래서 깨끗한 집이 당연하다고 생각하거나 평소보다 정리가 안 된 집의 상태에 대해 한 사람에게 몰아붙이는 것은 잔인하다. 혁명가의 의견을 끌어와 가사노동의 가치를 인정받

게 하는 것이 사회가 할 일이라면, 개인적으로는 익숙해지고 무뎌진 고마움과 미안함을 돌아보는 것이 필요하다. 매 순간 느끼는 고마움은 상대방에 대한 예의이기도 하지만, 누군가의 희생의 가치가 될 수 있는 자신의 삶을 사랑하는 원동력이 된다.

청소 끝에 자유롭다

청소와 유목

새것 같은 집

내가 초등학생이었을 때는 요즘 아이들처럼 여러 개의 학원이나 과외로 바쁘지 않았다. 학교가 끝나면 친구들 집에 가서 노는 것이 일과 중하나였다. 하루는 친구 집에 놀러 갔는데, 친구의 아버지가 난초의 잎을 천으로 하나하나 빤질빤질하게 닦고 있었다. 그것을 보고 친구에게 너의 아버지는 왜 풀을 닦고 있느냐고 물었더니 친구가 "그 난초가 아빠한테 소중한 것이거든"이라고 말했다. 그래도 이해가 되지 않아 또 물었다.

"풀 닦는 것이 재밌으시대?"
"재미로 닦는 건 아니고 소중한 것이라서 닦는 거야."

떠돌아다니지 않고 일정한 지역에 머물러 사는 사람들, 즉 '정착민'에게 집은 쉼터이면서 소중한 것을 보관하는 창고이다. 또한 그 자체로 가장 큰 재산이다. 그래서 집을 가꾸는 일은 구성원의 기운을 북돋아주기 위한 주변적 요소가 아니라 그 자체로 목적인 중심 요소가 되기도 한다. 청소하기 힘든 집 안의 장식품은 대부분 소중한 것이다. 예컨대 거실 한쪽에 자리 잡은 복잡한 형태의 크고 오래된 나무장식은 소중히 다뤄지기 위해 존재한다. 그래서 매일 천으로 닦아 광을 낸다.

청소를 특별히 깨끗이 한다는 표현을 할 때 '광을 낸다'라고 한다. 단순히 먼지를 떨어내고 지저분한 부분을 닦는 것이 아니라, 번쩍번쩍 빛

청소 끝에
자유롭다

147

이 나게 광을 내고 그 광을 유지하기 위해 애를 쓰는 것이다. 마룻바닥에 왁스를 바르는 일이 그렇다. 왁스를 바르면 효과적으로 광을 낼 수 있고 표면에 코팅 효과가 생겨 생활하면서 생길 수 있는 흠집이 방지된다. 그래서 오랜 시간 동안 새것처럼 보일 수 있다. 하지만 그렇게 닦다 보면 그 위를 걷다가 미끄러질 수 있기 때문에, 마루에 바르는 왁스는 광이 잘 나는 효과와 함께 미끄러짐을 방지하는 성분도 중요했다.

요즘은 바닥재가 좋아져서 적당히 광이 나도록 코팅되어 나오는 것이 많다. 미끄러짐도 함께 방지되어 있다고는 하나 광이 나는 바닥은 아이들이 양말을 신고 걸으면 넘어지기 쉽다. 그래도 집의 중심부에 위치한 매끄러운 마루를 얻는 것에 비하면 그런 불편함은 별것 아니라고 여겨지는 경우가 많다.

인터넷을 둘러보면 집을 예쁘게 꾸미는 데 큰 열정을 쏟는 사람들이 많다. 잘 꾸며진 집은 세련된 취향을 드러내는 하나의 작품 같다. 어떤 집들은 일상의 모습보다는 코팅된 인테리어 잡지를 떠올리게 할 만큼 티끌 하나 존재할 것 같지 않다. 하얀색 레이스가 깔린 식탁 위에는 시중에서 쉽게 구입할 수 없을 것 같은 독특한 접시가 놓여 있고 그 옆에는 끈으로 한데 묶인 숟가락, 포크, 나이프 세트가 있다. 이러한 사진들이 업로드된 블로그에는 많은 사람이 부러움과 칭찬의 말을 남긴다. 한 블로그 주인은 귀여운 생선 모양의 접시를 찍은 사진에 '그 접시 위에 생선구이를 올리면 아이들이 너무 좋아할 것 같아요'라는 댓글이 달리자, 자신은 절대 집에서 생선을 구워 먹지 않는다며 '집에 냄새가 밸 수

1947년 미국 주간지 〈라이프〉에 실린 마루 왁스 광고.

있기 때문에'라고 덧붙였다. 그것을 보며 '집'의 사전적 의미를 생각해 보았다.

집의 사전적 의미는 '사람이나 동물이 추위, 더위, 비바람 따위를 막고 그 속에 들어가 살기 위해 지은 건물'이다. 하지만 언젠가부터 집이 우리를 감싸기보다 우리가 감싸는 대상이 되었다. 그리고 집에 거주하는 사람들은 내부 구성원에 의한 상대적 가치보다 외부에서 평가하는 절대적 가치를 올리려 한다.

정착민에게 집은 자신의 것일 때는 가치를 올리기 위해 노력을 쏟아야 하는 곳이며, 임차했을 경우에는 계약이 만료되면 이전 상태로 복구해야만 하는 곳이다. 시간이 지나면 자연스럽게 낡고 사람이 사용하다 보면 당연히 변화가 생길 수 있다는 진리는 통용되지 않는다. '재산'으로서의 의미가 가장 크기 때문이다. 그래서 청소도 집의 절대적 가치를 유지하기 위한 일이 된다. '깨끗하게' 청소한다는 것은 '새것'같이 빛나게 한다는 뜻이 된다.

터전으로서의 집

부동산不動産은 영어로 'real estate'로 번역된다. 'estate'의 어원은 라틴어 'status'인데, 초기에는 법에 의해 규정되는 신분의 개념으로 사용되었다. 그래서 중세 유럽의 세 가지 신분인 성직자, 귀족, 평민을 'three estates'라고 했다. 사회의 분업을 위한 기본적 요소인 신분을 뜻하던

이 단어는, 이후 외곽 지역에 있는 대규모 농장과 같은 토지를 의미하게 되었다. 예를 들어 영국은 홍차 재배지를 'tea estate'라 불렀다.

한편, 제국주의 시대에 아메리카 대륙에 들어와 있던 스페인은 자신들이 획득한 영토를 'real'이라 불렀다. 이는 '왕실royal', 즉 국가를 뜻하며 국가의 영토란 의미로 사용했다. 현재도 스페인에서 특정 기업이나 개인의 지원이 아니라 국가의 후원을 받는 단체는 이름 앞에 'real'이 붙고 이는 '레알'로 발음된다. 현재의 미국 캘리포니아 지역을 초기엔 스페인이, 이후엔 영국이 점령하면서 'real'과 'estate'가 합쳐진 'real estate'는 법적 재산으로 인정되는 토지라는 의미가 되었다.

이러한 서양의 법률적 토지 개념은 일제강점기 우리나라에 들어와, 자신이 소유한 땅과 그 위에 지은 주택이라는 개념으로 '부동산'이라는

스페인 왕인 알폰소 13세가 왕립이라는 의미의 명칭 '레알 real'을 하사한 축구팀 '레알 마드리드'의 엠블럼.

청소 끝에
자유롭다

단어가 사용되기 시작했다. 일본은 1905년 통감부를 설치하고 국토에 대한 자본적 소유를 위해, 국가나 영주에 귀속되는 봉건적 토지제도를 붕괴시켰다. 이때 토지의 개인 소유권과 등기제도를 만들면서 부동산이라는 새로운 용어가 탄생한 것이다.

정착민에게 부동산, 재산, 집은 그렇게 큰 차이가 없는 단어들이다. 정착민은 뿌리를 내리고 그 뿌리가 깊고 넓게 퍼지기를 바란다. 하지만 유목민에게 집은 가꾸어 가치를 유지하거나 올리도록 노력해야 하는 대상이 아니다. 가축을 위한 목초지를 찾아 옮겨 다닐 때 함께 이동하는 보금자리로서의 수단이다. 자신과 가족을 보듬어주는 장소, 즉 사전적 의미로서의 집 자체이다. 따라서 유목민은 나중에 옮길 때 분해와 조립이 수월하도록 집을 만든다. 나무기둥으로 뼈대를 세우고 그 위에 천과 펠트를 덮어 밧줄로 묶는다. 이러한 천막 형태의 이동식 집을 몽골에서는 '게르ger'라 하고, 중앙아시아의 키르기스스탄 지방에서는 '유르트yurt'라 부른다.

나무기둥을 엮어 뼈대를 만들 때 천장에 둥근 굴뚝 형태의 창이 생기는데 이를 '투노toono'라 부른다. 투노를 통해 게르 안에서도 하늘을 관찰할 수 있다. 그리고 북쪽에서 부는 찬바람을 막기 위해 문은 남쪽을 향하게 한다. 게르의 크기는 함께 생활하는 가족구성원의 수에 의해 결정되고, 놓이는 위치는 필요에 의해 결정된다.

동그란 모양인 게르의 내부 중앙에는 화로를 둔다. 남쪽으로 난 문을 기준으로, 음식을 하는 공간인 동쪽에는 조리 도구와 그릇 등이 있다.

나무기둥을 엮어 뼈대를 만든(왼쪽) 후, 천과 펠트로 덮어 만든(오른쪽) 게르.

서쪽에는 가축을 키우는 데 필요한 채찍이나 안장 혹은 가축의 젖을 짠 통을 놓는다. 북쪽에는 가족사진을 올려놓거나 존경하는 인물의 사진, 불상 등을 진열한다. 현대에 와서는 텔레비전을 놓기도 한다. 북동쪽과 북서쪽 방향에는 침대나 쉴 수 있는 의자가 놓인다.

몽골의 목초지는 공동 소유로, 유목민들은 자유롭게 이동할 수 있다. 유목민에게 삶의 터전인 넓은 목초지는 자연의 것이므로 바람과 햇볕 처럼 소유할 수 없으며 소유해서도 안 된다. 그들에게 초원은 금金보다 소중하다. 초원이 없으면 생계 자체가 불가능하기 때문이다. 몽골제국 의 칭기즈칸이 영토 확장을 했던 당시는 이상 기후에 의해 몽골 지역의 목초지가 사막화되던 시기였다. 그들은 생존이 달린 치열한 상황과 특 유의 기질로 대한민국 크기의 330배에 해당하는 넓은 지역을 점령하며 뻗어나갔다.

몽골 유목민은 거주지를 옮길 때 깨끗이 청소를 하고 간다. 이동하기 위해 수레에 짐을 모두 싣고 나서 자신들이 머물렀던 장소를 깔끔하게

동그란 모양인 게르의 내부.

치운다. 머물렀던 곳을 깨끗이 청소하지 않으면 불운이 온다는 미신도 있지만, 꼭 그것 때문이 아니더라도 자신들과 가축의 터전이었던 곳을 치우는 일을 당연하게 생각한다. 또한 이곳이 누군가가 머물렀던 장소임을 표시하기 위해, 화로를 놓았던 자리에 생긴 재 위에 장작을 몇 개 올려놓거나 중앙의 화덕이 있던 자리에 작은 돌을 몇 개 쌓아둔다. 남의 화로에 자신의 화로를 올려놓는 것은 자신의 화신火神을 신성하게 대우하지 않는 행위라고 생각한다. 사다리 아래를 지나가면 불운이 온다는 것처럼, 미신은 실제 일어날 수 있는 사고나 피해를 방지하기 위해 만들어진 경우가 많다. 유목민의 경우도 마찬가지다. 초원이 회복할 적당한 시간을 두지 않고 바로 다른 유목민이 사용한다면 목초지가 다시 생성되기 전에 훼손되어 땅이 망가질 수 있기 때문이다.

청소 끝에
철학

담장 안의 청소와 담 너머의 청소

어렸을 적 주택에 살 때 마당엔 잔디가 깔려 있었다. 잔디가 길어지면 부모님은 사람을 불러 잔디를 정돈했다. 나는 마당의 잘 다듬어진 잔디가 집의 가치를 높여준다고 생각했다. 그래서 친구들이 집에 놀러 왔을 때 말은 안 했지만 넓은 마당의 잔디를 보고 멋지다고 생각하겠지 하며 내심 뿌듯해했다. 이와 반대로 풀과 나무가 점령한 듯, 길게 자란 잔디와 가지를 치지 않아 우거진 나무로 덮인 집은 마치 사람이 살지 않는 집처럼 보인다. 집 밖 들판의 풀이 공유물이라면 마당의 풀은 사유물이다. 전자가 마음껏 함께 누리는 것이라면 후자는 개인이 신경 써서 손질해야 한다는 차이가 있다.

잘 가꾸어진 자연은 그 무엇보다 고급스럽게 인식된다. 화려한 실내보다 손질된 정원이 보다 멋진 취향과 품위를 나타낼 수 있다. 정원이잘 가꾸어진 집들이 모여 있는 동네는 고급스러운 이미지가 생긴다. 그래서 '품위 있는 사람들이 사는 동네'라는 이미지를 만드는 데 일조하지 않는 집이 있다면 자신의 집이 아니더라도 불평을 한다. 외국의 부촌에서 잔디가 무성하게 자랐는데도 손질하지 않는다면 바로 동네 사람들의 신고가 들어올 것이다. 우리나라에서 고급 아파트의 베란다에 이불을 널어놓으면 같은 아파트 주민들의 신고로 인해 경비실로부터 바로 걸어 달라는 전화가 오는 것과 비슷하다.

집의 기본 구조물은 벽으로 구성되고 집 주변은 담으로 둘러싸여 외부에도 사적 공간이 만들어진다. 소유자는 실내뿐만 아니라 담으로 둘러싸인 공간까지 청소하고 가꾼다. 이곳에 드는 바람과 햇살은 사적인 소유가 된다. 하지만 유목민의 집에는 담이 없다. 유목민에게 가꾸어야 할 마당의 잔디는 존재하지 않는다. 다만 넓은 자연의 초원이 있을 뿐이다.

가축을 키우는 것을 주된 일로 하는 유목민에게 목축견은 일상적인 존재다. 담이 없는 대신 개가 있는 것이 일반적인 유목민의 집이어서, 몽골에서는 손님이 게르에 방문했을 때 "개 잡으세요"라는 말이 "안에 누구 계세요?"처럼 사용된다. 담이 없기 때문에 가축이나 개를 마당에 묶어놓을 수 없다. 풀려 있는 가축이나 개를 제어하기 위해 앞다리 하나와 뒷다리 하나를 묶어 걷거나 뛰는 속도를 조절하기도 한다.

유목민이 게르를 만드는 것을 책에서 처음 봤을 때 병풍 형태의 바람막이 판을 만들어 게르 주변에 담처럼 빙 둘러싸면 보온이 될 뿐 아니라 문을 여닫을 때 먼지도 덜 들어가 좋을 것 같았다. 그리고 담을 만들면 외부이면서 내부인 공간이 생기므로 게르 안에 보관하기에 불편한 짐들을 편리하게 보관할 수 있지 않을까 싶었다. 바람막이 역할 정도만 하는 판이라면 고정과 운반도 쉬울 것 같은데 왜 만들지 않을까 혼자 고민했다.

하지만 우리도 시원한 바람을 쐬고 햇살을 쐬기 위해 유원지에 갈 때면 돗자리 하나를 챙겨 가거나 대충 신문지를 편다. 집에 돗자리가 여러 개 있더라도 되돌아올 때 수월하게 하기 위해 하나로 짐을 최소화한다.

넓지는 않지만 간소한 돗자리나 신문지 위에서 밥을 먹고 나서 누워 하늘을 바라보면 자유로운 감정이 느껴진다. 시간이 지나면 그곳을 떠날 것이고, 그늘을 만들어주는 나무와 평평한 들판의 자연이 있기에 바닥에 깔 최소한의 도구만 챙겨가는 것이다. 정착민은 담이 없으면 겉옷을 입지 않은 것 같은 허전함과 불안함을 느끼지만, 유목민에게 담을 쌓는 일은 잠시 들렀다 올 유원지에 굳이 사람이 다 들어가고도 남는 커다란 텐트를 챙겨 가는 것과 비슷한 느낌일 수도 있겠다는 생각을 했다.

유목민의 환경에서는 물을 구하기 힘들기 때문에 몸을 씻을 때도 극히 적은 양의 물을 사용하며, 설거지에 쓰이는 물도 가능한 한 소량으로 줄인다. 물이 귀하고 바람이 부는 트인 공간에서 물청소는 거의 불가능하다. 또한 게르 외부의 펠트나 내부의 벽과 바닥에 깔 직물은 물로 청소하는 것이 힘들다. 그래서 이들은 주로 빗자루를 이용해 집 안의 먼지를 밖으로 떨어내는 마른 청소를 한다. 집에서 생긴 작은 부스러기나 먼지들은 초원으로 나와 흔적도 없이 다시 자연으로 돌아간다.

내 마당 안에 버려진 작은 휴지는 얼른 주워 버리게 되지만 대문 밖의 쓰레기는 그다지 눈에 띄지 않는다. 공간의 구분은 나의 것과 아닌 것을 나누고, 소중히 해야 하는 것과 그렇지 않은 것을 구별시킨다. 유목민에게 넓게 드리워진 초원은 가축과 자신들을 위한 생명의 푸른빛이다. 담이 없기 때문에 마당은 끝없이 펼쳐져 있고 제한이 없다. 자연이 준 혜택의 푸른빛은 나의 것인 동시에 그들의 것이다. 그래서 유목민에게 함

청소 끝에
자유롭다

유르트를 청소하고 있는 키르기스스탄의 여성.

청소 끝에
철학

부로 무언가를 버리는 일은 어렵다. 외부로 배출되더라도 그 쓰레기는 여전히 자연이 품어야 하는 것이기 때문이다.

그러한 유목민과 달리 정착민에게 버리는 것은 너무나 쉽다. 쓰레기를 배출하는 날이 되면 그 양에 매번 놀란다. 별다른 일이 없어도 일상에서 나오는 생활 쓰레기의 양은 줄지 않는다. 아파트에서 재활용 쓰레기를 수거하는 날에는 산처럼 쌓인 쓰레기를 볼 수 있다. 사실 청소는 내 집 안에 있던 쓰레기를 외부로 옮기는 일이다. 단지 우리가 외부의 자연과 사적 공간을 구분해, 담으로 둘러싸인 나의 공간에 있던 쓰레기가 밖으로 배출되었다고 생각하기 때문에 깨끗해졌다고 느낄 뿐이다. 그러나 집에서는 사라질지 몰라도 자연에서는 사라지지 않는 쓰레기는 여전히 우리와 함께 존재한다.

'카페'라는 자연

"난 오늘 '카공' 할 건데, 넌?"

쉬는 시간에 들리는 대학생들의 대화 중 모르는 단어가 나왔다. '카공'이 무슨 뜻인가 싶어 슬며시 인터넷을 열어 검색해봤다. '카페에서 공부한다'는 말의 줄임말이라고 한다. 언젠가부터 젊은 사람들이 카페에서 공부하는 광경이 익숙하다. 노트북을 들고 와 과제를 하거나 두꺼운 책에 줄을 쳐가면서 공부한다. 그들은 학교 도서관의 딱딱한 의자나 좁은 집보다, 여름에 시원하고 겨울에 따뜻하며 넓고 쾌적한 카페에서 공부하는 것이 낫다고 생각한다. 적당한 생활소음도 시곗바늘 소리까지 들리는 도서관보다 심적인 안정을 준다. 공부를 하기 위해 책상을 정리할 필요도 없다. 집을 나서면 바로 편안한 테이블과 의자가 있는 카페가 즐비하다.

카페를 즐겨 찾는 사람들은 학생뿐만이 아니다. 회사 앞 카페들은 점심식사를 마치고 정해진 코스처럼 들르는 회사원들로 줄이 늘어선다. 또한 업무 관련 미팅도 카페에서 한다. 일과 상관없는 외부인들 사이에 있는 것이 심적으로 편안하기 때문에 카페에서의 작업 효율이 높다고 생각하는 직장인도 많다. 이들은 회사 안에 자리가 있는데도 카페로 나온다. 이렇게 노트북을 들고 나와 카페에서 업무를 보는 사람들을 커피 *coffee*와 사무실*office*의 합성어인 '코피스*coffice*족'이라 일컫는다. 또 젊은 엄마들은 아이를 데리고 키즈카페로 간다. 아이들이 안전하고 재미있게 놀 수 있는 기구와 장난감들이 있고 실컷 논 다음에 치울 필요도 없다. 엄마는 옆에서 차 한잔의 여유를 만끽할 수 있다. 반려동물을 키우고 싶지만 여건이 되지 않는 사람들은 자신의 취향에 맞춰 애견카페나 고양이 카페, 라쿤 카페 등을 이용한다.

대학생들이 카페에서 공부하는 것을 보고 처음에는 마음 편하게 집에서 하지 왜 밖에서 공부를 할까 이해가 안 갔는데, 몇 년 지나면서 알게된 것은 그들이 공부하기에 편한 곳을 찾다 정착한 곳이 바로 집이 아닌 카페라는 것이다. 한 카페가 마음에 안 들면 다른 카페로 쉽게 옮길 수 있다. 요즘은 카페에서 커피 등의 음료뿐만 아니라 요기를 할 수 있는 조각케이크나 샌드위치 등도 판매한다. 공부를 하다 배가 고프면 카페에서 파는 빵으로 식사를 할 수 있다. 다 먹으면 물티슈로 손과 테이블을 닦고 다시 책을 편다. 오랫동안 대학교 근방에서 카페를 운영하는 지인은 자리 회전율을 낮추는 '카공족'이 얄밉기도 하지만, 그들이 카페 내부의 화장실을 예전보다 깨끗하게 사용한다는 것을 최근의 특징으로 꼽았다. 공부가 잘되고 자신의 취향에 맞는 카페는 자주 오게 되고, 한번 오면 오래 머물기 때문에 스스로 깨끗하게 쓰려는 것이다. 이들에게 카페는 커피 한 잔의 비용만 지불하면 편안한 의자와 테이블이 있는 쾌적한 공간부터 휴지, 물, 무료 와이파이, 스마트폰과 노트북을 충전할 전기까지 오랜 시간 제공해주는, 그들을 둘러싼 '자연'이다.

그렇다면 카페가 익숙한 젊은이들에게 집이란 무엇일까. 집은 전세나 월세의 계약 기간을 단위로 머무는 곳이다. 가치를 올리기 위해 가꾸거나 보존할 필요는 없다. 계약 만료 시점이 다가오면 이사를 갈지 말지 고민하고 결정해야 한다. 자유로운 공간이긴 하지만 그렇다고 아주 마음 편한 공간은 아니다. 여름에는 냉방비를, 겨울에는 난방비를 걱정해야 한다. 늦은 밤까지 사용하는 전기세도 만만치 않다. 집은 걱정창고이다. 대단한 재산을 집에 보관해놓는 것도 아니고 일정 기간 동안 빌린 작은 규모의 집이기 때문에 집 자체가 큰 재산이 되기는 어렵다. 크고 좋은 집이 로망이기도 하지만, 현실적으로 얻기 힘들다는 것을 이들은 명확히 알고 있다. 젊은이들에게 10시간 동안 갇혀 있어야 하는 장소로 자신의 방과 카페 중 하나를 선택하라고 한다면 자신의 방을 고르는 사람은 많지 않을 것이다. 이들은 자신의 방에서 오랜 시간 할 수 있는, 또는 하고 싶은 일이 많지 않다. SNS에 예쁘게 꾸민 집 사진을 올리기는 쉽지 않지만 예쁜 카페에서 여유롭게 차를 마시는 사진은 올리기 쉽다.

집값이 점점 올라 젊은 사람들이 집을 사기 어려워지고, 구매할 계획을 세운다 해도 젊음의 기간을 몽땅 투자해야 할 만큼 긴 시간이 든다. 그래서 이들은 굳이 많은 시간과 노력을 들여 집을 구매하기보다 여유롭게 주변의 좋은 시설을 활용하는 것이 낫다고 생각한다.

런던과 파리의 최고급 아파트들은 비어 있는 경우가 많다. 템스 강이 보이는 도시의 중심부 아파트가 비어 있는 것은 이곳이 실거주가 아닌 투자 목적으로 팔렸기 때문이다. 영국 사람이 아니라 해외에 거주하는 사람의 소유로 되어 있기도 한데, 유전사업을 하는 중동 지역의 부호들이 이렇게 비어 있는 고급 주택의 소유자인 경우도 많다. 우선 사놓고 가치가 올라가면 판매할 계획이어서, 자신들이 살지도 않고 임대하지도 않은 채 그대로 방치해놓는다. 멋진 전망과 교통 요지를 차지하고도 텅 빈 채 남아 있는 고급 아파트의 의미에 항의하는 사람들이 그 안에 들어가 잠을 자거나 모임을 가지기도 한다. 물론 불법침입으로 금세 쫓겨난다. 아무도 살지 않지만 그렇다고 친절하게 제공되지도 않는 고급 아파트의 내부는 온통 쓰레기장이다. 빛이 있는 낮에는 그래도 괜찮지만 저녁에는 인적 없는 어둠의 지역이 된다. 세를 주거나 팔아서 누군가 주거하게 되면 사람의 온기와 에너지로 활기를 얻겠지만,

집을 단순히 투자를 위한 재산으로만 인식하는 사람들은 좋은 집이 이렇게 방치되는 데에 전혀 신경 쓰지 않는다. 비어 있는 기간이 길어지면서 집 안에 쓰레기가 가득 차는 것을 떠나, 이제는 그 자체가 커다란 쓰레기가 되었다.

언제까지 행복을 미룰 것인가

어렸을 때 보름달을 보고 소원을 빌면 이루어진다는 내용의 동화를 읽고, 보름달이 뜨는 날을 기다렸다가 옥상에 올라가 눈을 감고 손을 모았다.

"우리 가족 모두 아무 탈 없이 건강하게 해주세요."
"다음 시험에서 실수 없이 최선을 다할 수 있게 해주세요."
"세상이 흉흉하지 않고 평화로웠으면 좋겠어요."

빌고 싶은 것이 너무 많았다. 보름달이 뜬 지금 빌지 않으면 이루어지지 않을까 봐 생각나는 대로 이것저것 열심히 빌었다. 꽤나 길게 빌었지만 뭔가 빠뜨린 것 같았다. 이러다가는 밤을 새워도 시간이 모자랄 것 같았다. 그러다 문득, 원하는 모든 소원을 한 문장으로 말할 수 있는 방법을 깨달았다.

"내가 행복하게 해주세요."

고대 그리스어로 행복을 뜻하는 '에우다이모니아*eudaimonia*'는 '좋은*eu*'과 '영혼*daimon*'이 합쳐진 단어이다. 아리스토텔레스는 그의 아들 니코마코스가 편집한 저서《니코마코스 윤리학》에서, 이성적인 인간은 삶에서 원하는 방향으로 행동하게 되는데 가장 마지막에 존재하는 궁극적이며 최상의 목적이 에우다이모니아라고 했다.

영어의 '행복*happy*'은 '우연*hap*'이라는 단어에서 유래했다고 한다. 행복은 준비하는 것이 아니라 우연히 찾아오는 것으로, 인위적으로 만들기보다 자연스럽게 느끼는 감정이다.

가끔 우울하다면서 전화를 하는 친구가 있다. 주로 뭔가 허전하다거나

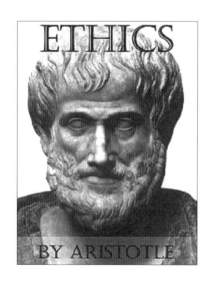

아리스토텔레스는 이성적인 인간의 삶에서 가장 마지막에 존재하는 궁극적이며 최상의 목적이 '행복*eudaimonia*'이라고 했다.

청소 끝에
철학

공허함이 느껴진다고 말한다. 그 친구가 심적으로 힘들 때 가장 많이 하는 말은 대부분 '채워지지 않았다'는 뜻이다. 사람들은 보통 채워지지 않은 상태를 불만족하다고 여기고 그래서 행복하지 않다고 느낀다. 즉, 행복은 만족되고 채워진 상태에서 느껴지는 것이라는 인식이 있다. 하지만 사람은 삶의 가치관에 따라 추구하는 바가 다르고, 이에 따라 행복을 느끼는 상황도 다를 수밖에 없다. 정착을 해서 재산을 일구고 싶을 때는 안정을 중시하고 추구한다. 이때는 만족의 느낌을 행복이라 여긴다. 반면, 정착이 삶의 방법이 아닌 경우는 자유를 우선으로 생각하며 이를 추구하는 평화의 느낌이 행복이다. 따라서 자신이 추구하는 것을 정확히 알지 못한 채 살아간다면 행복을 느낄 수 있는 기회는 줄어들게 된다.

제주도에 사는 연예인 부부가 민박집을 운영하는 콘셉트의 TV 프로그램이 있다. 이 프로그램에 대한 인터넷 기사 댓글 중 대부분은 자유로워 보여 부럽다는 것이다. 그러면서 이들의 경제적 여유를 덧붙여 언급한다. 제주도에 커다란 부지를 사서 집을 짓고, 경제활동을 하지 않아도 될 정도의 재산을 미리 벌어놓아 풍족하게 사는 모습을 여유롭다고 느끼며, 이 여유를 자유로 연결하는 것이다. 또 연예인들이 동네를 돌아다니면서 가정집에 들어가 한 끼를 같이 먹는 프로그램에서는 특히 부촌이 나왔을 때 시청률이 높아진다고 한다. 사람들은 경제적 여유가 있는 사람들의 생활이 자유의 느낌과 가깝다고 생각한다.

하지만 자유는 채워졌을 때가 아니라 비워졌을 때 느껴지는 감정이다. 채워졌을 때 자유가 느껴진다고 생각하는 사람들은 풍요와 자유로움, 이 두 가지를 모두 가졌을 때 행복해질 수 있다고 생각한다. 하지만 일을 많이 해서 경제적 상황이 좋아졌지만 자유로운 시간이 없어서 불행한 사람이, 일이 줄어들어 자유로운 시간이 많아졌다고 그 시간을 누린다는 보장은 없다. 시간의 여유가 많아져도 경제적 여유가 줄어들면 이 때문에 불행할지 모른다. 즉, 풍족함과 자유로움, 이 두 가지를 모두 가지고자 한다면 행복의 감정은 쉽게 찾아오지 않는다. 또한 우연히 행복이 찾아와도 '내가 상황이 이런데…' 하면서 행복의 감정을 미뤄놓을 수도 있다.

많은 현대인이 부러워하고 바라는 것이 '사회적 능력이 있는 사람들의 자유로운 삶'이다. 명성과 경제적 여유, 그리고 자유까지 모두 바라는 것이다. 그러나 이는 어쩌면 신이 낮게 만들어놓은 행복의 기준을 인간 스스로 높여 불행을 자초하는 것일지 모른다. 게다가 정착민들은 자신이 속한 공동체에서 열정을 가지고 무엇이든 열심히 하는 법만 배웠기 때문에 잃을 것이 별로 없는 삶을 살며 자유를 추구하는 데 익숙하지 않다. 손에서 놓는 것이 자유로워지는 방법인데 반대로 손에 많이 쥐어 자유를 찾으려 한다.

대학원에 다닐 때 여럿이서 한 친구의 원룸을 방문했다. 아담한 크기의 집을 보고 친구들은 청소하기 편하겠다고 말했다. 그러면서 적은 냉방비와 난방비로 여름에는 시원하게, 겨울에는 따뜻하게 보낼 수 있겠다고 덧붙였는데 원룸에 사는 친구가 "집 작다고 놀리는 거야?"라며 크게 서운해했다. 그 친구는 집이 아무리 넓어도 그것이 모두 자신의 집이면 청소하는 게 전혀 힘들지 않을 것 같다고 했다. 그에게는 공간의 크기가 자신의 삶의 질을 결정하는 요인이었던 것이다. 그러면서 지금 사는 원룸의 단점에 대해 구구절절 이야기했는데 대부분 크기에 대한 불만이었다. 정작 우리는 좋은 입지조건과 독립할 수 있는 경제적 여유를 부러워했는데도 계속 불만을 토로하며 더 넓은 곳으로 이사하고 싶다는 이야기만 했다. 그때 누군가 그래도 지금 사는 곳이니 잘 적응해보라고 말하자, 좁은 공간에 익숙해지면 돈을 더 벌어 넓은 공간으로 이사해야겠다는 의욕이 사라지기 때문에, 불편을 익숙하게 만들 필요는 없다고 말했다. 이러한 불편이 경제적으로 성공해야겠다는 의지의 원동력이 된다는 것이었다. 그의 말이 무슨 뜻인지는 알았지만, 지금 자신만의 작고 포근한 공간을 굳이 좁고 갑갑한 방으로 인식하는 것은 행복을 미루는 방법에 익숙해지는 것이 아닐까 생각했다.

누가 행복에 점수를 매기나

"방 청소 좀 하지." 컴퓨터로 작업을 하고 있는 나의 등 뒤로 동생의 목소리가 들렸다. 컴퓨터를 켜기 전까지 땀을 뻘뻘 흘리며 청소를 했는데 말이다. 방금 청소했는데 지저분해 보이느냐고 물으니 동생은 말없이 나갔다. 사람마다 기준이 있고 그 기준에 따라 행동한다. 하지만 정착을 기본으로 하는 우리의 삶에서는 동일한 기준을 설정하고 암묵적으로 타인도 이 기준에 따를 것이라 생각하는 경우가 있다.

우리 가족이 살던 동네의 주택들이 하나씩 헐리고 원룸들이 막 생기던 때가 있었다. 대학교 근방이어서 원룸 수요가 높다 보니 주택소유자들 대부분이 공사를 했다. 학교와 가까운 넓은 부지의 이층집이었던 우리 집은, 약속이나 한 듯이 모두 공사를 할 때도 홀로 모습을 유지했다. 동네 주민들은 부모님에게 자리가 좋은데 왜 집을 팔지 않느냐고, 집을 팔고 더 좋은 곳으로 이사 가시라고 한마디씩 했다. '더 좋은 곳'에 대한 기준은 사람마다 다르지만 사람들은 당연하다는 듯이 '더 좋은'이라는 표현을 썼다. 그 이후 시간이 훌쩍 지나 자식들이 다 독립하고 부모님 두 분이 큰 집을 관리하기 힘들어 결국 팔게 되었다. 지금은 그 자리에 커다란 원룸 건물이 생겼다.

남의 행복과 불행을 자신의 기준에서 판단하는 경우도 많다. 언젠가 여럿이서 음식을 몇 개 주문해 함께 나눠 먹는데, 뭐가 더 맛있냐는 질문에 내가 맛있게 먹던 음식을 가리키자 의아하다는 듯이 "그래? 이상하다. 이게 더 맛있는 건데"라는 반응이 돌아왔다. 나의 미각으로 느끼는 것까지 기준이 동일하다고 생각하는 것이다. 소통의 기본은 서로에 대한 이해이고, 이는 차이를 인정하는 데서 시작된다. 그렇지 않으면 자신의 행복과 불행도 남의 기준에 맞춰 판단하는 결과를 낳는다.

'행복지수'라는 것이 있다. 통일된 한 가지가 아니라 여러 학자들이 만든 다양한 행복지수가 존재한다. 영국에 본부가 있는 유럽신경제재단 *NEF*에서 2010년 발표한 국가 행복조사 자료에서는 히말라야 산맥 동쪽에 위치한 작은 왕국인 부탄이 1위를 차지하기도 했다. 하지만 6년 뒤인 2016년에는 56위에 머물렀다. 네덜란드 에라스무스 대학의 루트 빈호벤 교수가 분석한 세계의 행복데이터베이스를 보면 행복지수는 국가의 경제력과 상관관계가 있었다. 덴마크, 스위스, 오스트리아, 아이슬란드, 핀란드 순으로 높았으며 가장 낮은 나라는 탄자니아였고 그 외에 짐바브웨, 몰도바, 우크라이나, 아르메니아 등이 행복지수가 낮은 나라들이었다.

이처럼 행복한 나라도 시기나 기준에 따라 크게 차이가 난다. 누가 더 돈을 버느냐는 조사를 하면 같은 결과가 나오지만 누가 더 행복하냐는 조사는 결과가 천차만별이다. 즉, 측정할 수 없다. 국민의 행복에 관한 연구가 활발하던 2007년, 이탈리아 로마에서 이를 측정하는 기준에 대한 논의가 벌어졌는데 회의에 참석한 연구자들도 행복에 관한 연구가 정권에 의해 이용될 수 있다는 사실을 지적하기도 했다. 행복이 측정 가능하다고 생각하는 것도 의아하지만 무엇보다도 행복을 왜 측정하려고 하는지 이해할 수 없다. 순위가 높으면 '아, 우리는 행복하구나'라고 생각하고 반대로 낮으면 '우리는 역시 불행해'라면서 자신의 감정조차 외부에서 확인해줘야 하는 것이 아니라면, 행복지수의 목적은 여전히 모호하다.

한번은 누가 나에게 물어보았다. 설거지를 할 때 접시에 세제가 남는 것이 싫어서 극소량만 쓰다 보니 음식 찌꺼기까지 같이 남게 한 아내와, 음식 찌꺼기가 완벽히 빠지는 것이 깨끗한 설거지라고 생각해서 세제를 잔뜩 풀어 접시를 닦은 남편 중 누가 설거지를 더 못한 것이냐는 질문이

청소 끝에
자유롭다

었다. 나는 '기준이 다른 것'이라고 대답했다. 음식물이나 세제가 남아 있는 접시를 보고 서로 탓하기 전에 설거지를 한 노고를 칭찬해주면 적어도 부부싸움은 일어나지 않을 것이다.

어느 히피 가족의 이야기를 다룬 〈캡틴 판타스틱〉이란 영화가 있다. 한 남자가 자신의 아이들과 산속에서 히피로 살아가던 중, 치료를 위해 떨어져 살던 아내의 장례식에 아이들과 함께 참석하게 되는 것이 주된 줄거리이다. 아이들은 학교에 다니지 않았지만 다양한 책을 많이 읽고 아버지와 항상 토론을 해서 또래보다 많은 지식이 있다. 따뜻한 가족영화답게 좋은 상위권 대학들에서 합격 통지서를 받은 첫째 아들이 대학에 진학하면서, 극장 문을 나서는 관객들의 입가에 웃음을 만들어준다. 그런데 만약 이 영화에서 아버지가 끝까지 히피 생활을 고집하며 아이들을 산에서 키웠다면 관객은 내심 불편했을 것이다. '저렇게 똑똑한 아이들이 대학을 안 가면 아까운데'라고 생각하며, 가지고 있는 지식을 사회적 가치로 만드는 것이 일반적이며 '아깝지 않은' 선택이라고 믿기 때문이다. 아이들이 사회적 지위를 얻을 수 있는 기회를 잡으면서 이 가족은 정착민으로서의 기본적 능력을 획득하게 되었다. 영화는 정착자로서의 삶에 익숙한 사람들의 취향에 맞춰졌다. 따라서 정착하는 것에 가치를 두지 않는 사람의 입장에서는 전혀 다르게 감상될 것이다.

자신의 공간을 깨끗이 청소하는 의미와 정도도 각자 다르다. 하나의 기준을 만들어 측정하게 되면 만족이나 자유로움과는 멀어진다. 동일한

꽃무늬와 '피스 *peace*' 사인이 들어간 커다란 밴은 히피들의 보금자리였다.

기준을 만들고 비교를 하면 전에 없던 스트레스가 생긴다. 우리가 매일 청소하는 집의 가치도 마찬가지이다. 측정하고 비교하는 데만 주력하면 만족과 자유로움 둘 다 가지기 힘들며 결과적으로 행복과 멀어진다.

현재 집은 사적 공간이라는 의미보다 측정하기 위한 인식이 우선시된다. '좋은 집'이라는 단어를 들었을 때 사람들의 머릿속에 떠오르는 기준들이 생겼다. 집의 구매와 판매를 중개하는 역할의 전문성을 드러내기 위해 복덕방보다 공인중개소라는 명칭이 선호된다. 복덕방이라는 간판은 사라졌다. 이 단어는 제사를 지내는 일에서 유래했다. 본래 제사에는 복福이란 단어가 많이 사용된다. 운수나 행운과 관련된 것은 인간이 가지고 싶다고 가지는 것이 아니고, 모든 길흉화복이 천운天運에 의해 결정된다고 생각했기 때문이다. 예를 들어 음복飮福은 제사를 지내고 나서 제사에 사용한 술을 마시며 조상이나 신령에게 복을 비는 것을 말하는데, 술 이외에도 제사에 사용된 음식을 나눠 먹는 것을 폭넓게 의미하기도 한다. 글자 그대로 복과 덕을 주는 곳이라는 뜻의 복덕방福德房은 마을에서 다 함께 제사를 지낸 뒤 아직 나눠 먹지 못한 사람들을 위해 음식을 한데 모아두었던 장소이다. 동네를 지나가던 나그네도 들러 음식을 먹었고, 혹시 근처에 남는 방이 있는지 물어보기도 했다. 그렇게 점차 정보를 나누는 장이 되면서 이후 다양한 거래를 중개하는 장소로 사용되었는데, 주로 마을의 사정을 잘 아는 나이 지긋한 사람들이 소일로 했다. 하지만 이제는 젊은 사람들도 공인중개사 자격증 시험에 관심이 많다. 사람들은 투자가치가 있는 집을 찾는 것이 행복이며, 그 행복을 얻겠다는 생각으로 공인중개소에 들른다.

청소 끝에 엄마를 보다

청소와 어머니

익숙해진다고
안 아픈 것은 아니지만

음식 준비로 지저분해진 부엌의 바닥을 닦고 있었다. 냉장고 밑을 걸레로 훔치려고 손을 넣었다가 냉장고 바닥의 뾰족한 부분에 손등이 긁혀 피가 났다. 상처를 물에 씻은 후 연고와 반창고를 급하게 찾았는데 보이지 않았다. 계속 피가 흘러서 손을 휴지로 감싼 후 그 위를 셀로판테이프로 둘둘 감았다. 그리고 닦던 바닥을 마저 닦았다.

언젠가부터 아픔에 무뎌졌다. 아프다는 몸의 감각이 무뎌진 게 아니라, 참을 수밖에 없을 때는 참는 것밖에 방도가 없다는 것을 알아서 아픔을 피하는 데 에너지를 쓰지 않게 된다. 초등학생 때는 주사를 맞기 전에 호들갑을 떨었다. 이제는 아픔을 피할 때가 아니라 참을 때 모든 에너지를 쓴다.

어릴 때는 아프면 관심이 나에게 몰리는 데다 아픈 것을 참기까지 하면 대견하다고 칭찬받았다. 그래서 아프면 동네방네 소문냈다. 밤사이에 배가 너무 아파 잠을 못 이루면 엄마를 깨웠다. 아침이 되어 몸이 괜찮아졌어도 내가 어젯밤에 너무 아팠다고 아빠와 형제들에게 말했다. 지금은 밤사이에 끙끙 앓았어도 아침에 괜찮아졌으면 괜찮다. 아픈 것을 이미 다 참았으면 된 것이다. 세상은 맞서는 것도 아니고 품는 것도 아니고 그냥 받아들이는 것이라고 느끼기 시작한 후부터 몸과 마음의 아픔도 잘 받아들인다. 성숙해진 건지 지친 건지 알 수는 없지만 그냥

청소 끝에
엄마를 보다

175

받아들이기 시작했다.

그 전과 달리 받아들이기 시작한 시점이 있을 터인데 그게 언제인지는 알 수 없다. 고등학교 때 야간자율학습 시간에 조용히 공부를 하던 친구가 갑자기 창문 밖을 쳐다보더니 혼잣말로 "아, 또 못 봤네"라고 말했던 것이 생각난다. 무슨 말인지 궁금해서 연습장에 '뭐를?'이라고 써서 건네니, 귓속말로 "낮이 밤으로 바뀌는 순간을 보고 싶었는데 못 봤어"라고 대답했다. 야간자율학습을 하다 보면 밖이 어두컴컴해지면서 햇빛이 서서히 사라지다 완전히 없어지고 달빛이 나오는 순간이 분명 있는데, 친구는 그 순간을 보고 싶었던 것이다. 극단적인 변화도 그 순간을 인식하는 것은 생각보다 쉽지 않다. 아무 일도 안 하고 앉아 관조적 위치에서 지켜보는 게 아니라면 쉽게 포착되지 않는다.

몇 살 때인지 기억이 안 날 정도로 어릴 때 배탈이 나서 누워 있는 나에게 부모님이 번갈아 와서 괜찮으냐고 물어봤다. 그때 '나는 지금처럼 아프면 엄마와 아빠가 와서 물어봐주고 걱정해줘서 괜찮지만 엄마나 아빠는 아프면 어떡하지?' 하고 궁금했다. 그러다 며칠 뒤 엄마가 배탈이 났다. 아빠는 직장에 계셔서 엄마 혼자 방에 누워 있었다. 내 기억으로는 태어나서 엄마가 아픈 것을 그때 처음 본 것 같다. 하지만 나는 엄마나 아빠처럼 해줄 수 없었다. 엄마는 어린 나와 동생이 걱정되어 누워서도 자꾸 나와 동생의 이름을 부르며 뭐 하고 있는지를 물어봤다. 그때 처음으로 엄마가 안쓰러워 보였다.

그 어릴 때도 엄마에게 그런 감정을 느꼈는데, 어설프게 영글던 청소

청소 끝에
철학

176

년 시기에는 내가 직접 겪는 것이 아니라면 다 관심 밖이었다. 나의 아픔이 우선이었다. 엄마와 아빠는 원래 아픔을 잘 참는다고 생각했다. 또 누군가 아플 때 내가 대신 아파줄 수도 없는데 굳이 걱정을 한다고 뭐가 달라지겠냐는 논리를 펴며 성인의 냉소를 어설프게 따라 했다. 하지만 그 어설픔도 더 영글어 성숙해졌을 때 아픔은 누구에게나 똑같다는 진실을 다시 깨달았다. 안 아파서 참는 것도 아니고 잘 참아서 참는 것도 아니었다. 익숙해진다고 안 아프지도 않았다. 어쩌면 삶에 이렇게나 아픔이 많다는 걸 어렴풋이 알게 되는 청소년 시기에, 어른이 되면 부모님처럼 다 괜찮아질 것이라 믿고 싶었던 것은 아니었나 하고 못됐던 나를 변명해보기도 한다.

나는 굉장히 예민한 성격 탓에 여행을 가면 처음 이틀은 한숨도 못 잔다. 변화에 극심하게 반응하지만 지루한 것도 참지 못한다. 회사를 경영할 때도 내 예민한 성격 탓에 직원들이 힘들어하는 것이 보였지만, 바꾸려고 노력해보아도 유전자에 꽉 박혀서 빠지지 않는지 어쩔 수가 없었다.

그러나 엄마에게만큼은 '무딘' 딸이다. 맹장수술을 받고 퇴원한 당일에 컨디션이 나쁘지 않은 것 같아 밀렸던 일을 하면서 평소의 나로 돌아갔다. 그런데 열흘쯤 지나 배가 쑤시는 것처럼 아파 병원에 갔더니 장이 많이 부어 상태가 안 좋다며 다시 입원을 해야 한다고 했다. 일주일 동안 금식하며 치료를 받고 있는데 병원에 온 엄마가 왜 이렇게 무디냐고 한소리 했다.

윌리엄 머클리, 〈어린 시절의 허영 *Youthful Vanity*〉, 1874.

일상의 초능력

중국 영화 〈쿵푸 허슬〉을 보면, 무술의 고수인 주인공에게는 시간이 상대적으로 느리게 흘러서 상대방이 힘껏 날리는 주먹도 편한 자세로 쉽게 피하는 장면이 나온다. 이런 장면을 볼 때마다 내가 지금 하고 있는 모든 행동도 하나의 초능력이라는 생각이 든다. 내가 걷는 속도보다 훨씬 느리게 걷는 것이 정상인데 나는 이렇게나 빨리 걷고 있고 심지어 뛰면 더 빠르다. 단지 나와 같은 초능력을 가진 사람들이 무수히 많은 것뿐이다. 팔을 뻗어 부엌 선반의 꼭대기에 있는 과자를 꺼내주니 "우와!" 하고 놀라는 아이들에게 160센티미터의 나의 키는 대단하지 않은가.

내가 처음부터 이러한 '일상의 초능력'을 깨달은 것은 아니었다. 대학원생 시절에 서울시 주최로 열린 큰 패션 관련 행사에서 최우수상을 받고 집에 왔다. 자기 전에 평소에 하던 것처럼 방을 걸레로 닦으려고 하는데 갑자기, 오늘은 걸레질과는 어울리지 않는 날이라는 생각이 들었다. 그래서 대충 이불을 펴고 냉장고에서 주스를 꺼내 와 음악을 들으며 우아하게 마셨다. 또 비슷한 시기에 밖에서 일이 잘 풀리지 않았던 어느 날, 친구들과 서먹하게 헤어진 후 집에 와서 TV를 보고 있는데 엄마가 방이 지저분하다며 청소를 하라고 다그쳤다. 그때 나는 오늘같이 힘든 날 청소를 시키느냐며 짜증을 냈다. 그 무렵 '일상적인 일'이란 나를 평범하게 또는 그 이하로 만드는 하찮은 일이었던 것이다.

청소 끝에
엄마를 보다

하지만 초등학교 선생님이었다가 나와 형제들을 낳고 전업주부가 된 엄마에게는 일상이 전부였다. 엄마는 일상에서 초능력을 발휘했다. 아빠의 뒷바라지를 했고 많은 형제들을 하나하나 섬세하게 돌봤고 일반적이지 않은 성격에 다른 집의 두 배는 되는 고모들 틈을 헤쳐나갔다.

"엄마, 나 오늘 우산 가져가야 해?" 학교에 가려고 밖을 보는데 날씨가 우중충하면 엄마에게 물어봤다. 비가 곧 쏟아질 것같이 어두워도 엄마의 괜찮다는 말 한마디면 손에 들었던 우산을 바로 내려놓고 나갔다. 그러면 역시 비는 오지 않았다. 반대로 비가 올 것 같지 않아도 엄마가 우산 가져가라고 하면 군말 없이 가져갔다. 엄마의 일기예보는 백 퍼센트 정확했다.

어느새 나도 엄마처럼 삶에 익숙해졌다. 밥하는 것이 익숙하고 청소하는 것이 익숙하다. 학교에서 학생들을 가르치는 것도, 다른 기업의 사장님들과 회의를 하는 것도 익숙하다. 일과 생활에 익숙해지면서 설렘은 없어졌다. 예전의 열정과 비교하면 그것이 서운하기도 하지만 필요 이상의 감정을 소모하지 않게 되었다. 그런 익숙함은 일상의 소중함을 깨닫는 방향으로 흘러간다. 엄마에게 청소가 뭐냐고 물어본 적이 있다. 엄마는 청소가 '빚진 것을 갚는 것' 같다고 했다. 그 누구에게도 빚진 적은 없지만 꼭 해야만 할 것 같은 일상의 일들이 나에게도 생겼고, 이것들을 숨 쉬듯 하다 보니 익숙해지고 능숙해졌다.

청소 끝에
철학

친구가 서울에서 세미나가 있어 내일 올라가는데 너희 집 근처로 갈 테니 밖에서 차 한잔 할 수 있느냐고 전화를 했다. 그럼 굳이 밖에서 보지 말고 집으로 오라고 했는데, 친구는 귀찮게 하고 싶지 않다며 사양했다. 나는 정말 괜찮다고 하고 전화를 끊었다. 오늘까지 정리해서 보내야 할 서류가 있어 청소는 내일 할 계획이었지만, 모처럼 친구가 오니 가볍게라도 해놓아야겠다고 생각하고 창문을 활짝 열고 먼지를 떨었다. 진공청소기로 바닥을 밀고 나서 대충 주변 정리를 한 후 컴퓨터를 켰다. 걸레질까지 하면 몸이 힘들어질 것 같아 우선 서류 정리를 해놓는 것이 낫겠다고 생각했다. 서류를 정리하고 좀 쉬다가, 걸레로 바닥을 닦고 청소를 끝냈다.

예전에는 내가 일이 있을 때 친구가 보자고 하면 만나기가 꺼려졌다. 잠시 시간을 낼 수 있어도 모든 에너지를 나의 일에 쏟아야 한다고 생각했기 때문이다. 그리고 친구가 내 집 가까이 와도 밖의 카페에서 보는 것이 편했다. 집을 대청소하는 것도 일이지만 집 안을 그대로 보여주는 것이 어색했다. 평소에 불편한 것 없이 잘 살고 있는 집이지만 누군가에게 보여주기에는 불편했다. 유행이 지난 무늬의 커튼이나 낡은 식탁의자, 고급이 아닌 찻잔 세트처럼 그동안 나의 생활을 잘 지탱해주던 물건들이 갑자기 불편하게 느껴지는 것이었다. 하지만 지금은 나의 생활을 그대로 보여주는 것이 익숙하다. 굳이 평소와 다르게 설레발치며 대청소를 할 필요도 없고, 낡은 물건들을 방으로 밀어 넣고 문을 닫아버릴 필요도 없다. 친구의 일상도 나와 비슷하다는 것을 안다.

청소 끝에
엄마를 보다

181

사람들의 일상이 신기할 정도로 서로 닮았으며 그 일상이 소중한 것임을 느낀다. 오랜만에 서울에 올라와 굳이 내가 있는 곳까지 와서 잠깐이라도 얼굴 보고 가려는 친구를, 밖에서가 아니라 나의 집에서 대접하고 싶다. 좋아하는 동네의 작은 빵집에서 쿠키세트를 사놓고 맛있게 커피를 내려주고 싶다.

반짝거리는 순간

> "그래, 지금은 반짝반짝거리겠지. 그렇지만 시간이 지나면 다 똑같
> 아. 그 여자가 지금 아무리 반짝반짝거려도 시간이 지나면 아무것도
> 아닌 것처럼 된다고. 지금 우리처럼."
>
> ―드라마 〈내 이름은 김삼순〉 중에서

꽃은 활짝 펴서 그 아름다움을 세상에 만개한 후 진다. 사람도 마찬가지로 피어나는 시기가 있다. 청소년기를 지나 성인으로 들어서면서 외모가 성숙하게 피어난다. 여기에 낭랑하고 열정적인 태도가 더해져, 20대는 인간의 아름다움을 여실히 보여준다. 세상을 향해 무엇이든 할 수 있다는 듯 빛나는 눈동자는 찬란함 그 자체이다.

20대 후반부터 대학에서 강의를 했다. 수업 준비로 학기 내내 바빴지만 지금 생각해보면 너무나 어설펐다. 그렇게 미흡했는데 어떻게 강단에 섰나 싶다. 하지만 그때는 지금은 없는 매력이 있었다. 부족하지만

청소 끝에
철학

182

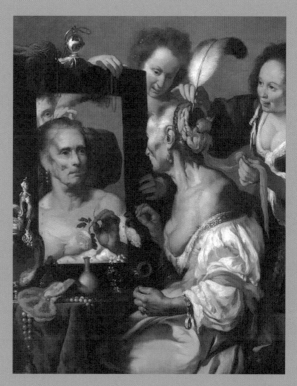

베르나르도 스트로치, 〈바니타스 − 늙은 요부 *Old Coquette*〉, 1637년경.

열정적인 젊음, 그게 매력이었다. 갈망하는 것이 있어 에너지를 내뿜었고 사람들도 그것을 느꼈다. 그래서 미흡함에도 기꺼이 받아들여졌다. 지금은 그때의 매력이 없다. 하지만 이것이 자연의 순리이고 나 또한 요즘 젊은이들처럼 터질 듯 만개한 시절이 있었으니 서럽지는 않다.

마흔 살이 넘어, 친했던 대학교 동창들이 모였다. 학교 선생님, 번역가, 한의사, 변호사, 의사, 세무사, 사업가 등 다양한 직업을 가진 친구들이 한데 모였다. 고등학교를 갓 졸업하고 어리숙한 모습으로 처음 만났던 친구들이 능숙한 사회인으로 변해 있었다. 그런데 오랜만에 만난 서로에게 하는 말은 "똑같다!"였다. 변하지 않았다고 생각되는 것은 열정으로 가득 차 있던 시절을 기억하기 때문이다. 그 시기의 빛나던 매력이 각인되어 우리는 서로의 나이 듦을 쉽게 포착하지 못했다.

엄마에게도 아름답게 피어나던 시절이 있었다. 하지만 나는 엄마의 그 만개함을 보지 못했다. 엄마는 나와 형제들을 낳고 꿈과 희망을 모두 가족에게 투영해 싱싱한 젊음의 마지막 에너지를 불어넣었다. 그리고 내가 먹고 자는 단순함에서 벗어나 초등학교에 들어가 지식이란 것을 처음 채울 나이가 되었을 때, 세상을 둘러보려는 관심으로 바라본 엄마는 이미 노련함을 가진 이후였다. 엄마는 무엇을 물어봐도 정답을 말해주었다. 그리고 어떤 부탁이든 들어주었다. 같이 잠들어도 나는 "엄마, 나 내일 일찍 깨워줘"라고 당당하게 부탁했다. 모르는 게 나와도 엄마를 찾았고 걱정거리가 나와도 엄마를 찾았다. 나는 엄마의 어설픈 모습을 본 적이 없다. 그 대신 엄마가 가장 매력적이던 시기도 보지 못했다. 탱탱한 몸매에 짧은 치마를 입고 가슴이 터질 듯한 설렘을 품고 발랄하게 걸어 나가는 모습을 보지 못했다. 그 대신 밥을 하는 모습이나 청소를 하는 모습은 수도 없이 봤다.

밥맛이 없어도 일을 하기 위해 억지로 먹어야 할 때 물에 밥을 말아 김치와 함께 후루룩 마시듯 먹는다. 엄마가 밥맛이 없을 때 먹던 방법 그대로다. 어린 시절의 내가 엄마에게 왜 그렇게 먹느냐고 짜증 내던 그 방식그대로. 모르고 있었지만 나도 꽤 나이를 먹었고, 먹은 나이만큼 변한 것이다. 반짝거리지는 않지만 차분함이 생겼다. 매력과 노련함을 견주어보니 얻은 것보다 잃은 것이 많아 보이지만 이치가 그러하다니 할 수 없다. 사용하다 보면 무엇이든 닳는다. 매력도 그렇다.

그 솟아나던 그리움은, 이제 다시 돌아가지 못하리라.

－박남준, 〈청춘〉 중에서

공원 의자에 앉아 있는데 강아지를 데리고 산책 나온 사람이 옆에 앉았다. 강아지가 내 무릎 위에 발을 얹으며 애교를 부리자 강아지 주인은 죄송하다고 했다. 강아지를 좋아하는 나는 괜찮다고 하고, 애교가 많고 귀엽게 생겼다고 칭찬해주니 주인이 말했다. "얘는 자기가 예쁜 걸 알아요." 강아지도 안다. 본인이 반짝거리는 시기인지, 아닌지.

나는 젊은 시절의 나에게 기대가 컸던 만큼 자신을 몰아붙였고 그러

청소 끝에
엄마를 보다

다 보니 실망도 했다. 하지만 이제는 나를 이해하고 나에게 미안하다. 무엇보다 가장 크게 느끼는 감정은 고마움이다. 엄마에게, 그리고 엄마를 닮아가는 나에게도 고맙다. 이제는 반짝이지 않지만 나로서 살아가는 것이 정말 고맙다. 어제와 같이 오늘도 자기 전 방을 닦으며 하루를 마무리한다. 아무 이유 없이 일상이 고맙다.

엄마니까, 엄마라서

엄마와 함께 마트에 온 아이가 엄마에게 과자 하나만 사면 안 되느냐고 묻자 엄마가 하나 골라 오라고 했다. 아이는 한참을 처다보며 오래 고민한 끝에 '후렌치 파이'를 집어 건넸는데 엄마는 "이거 말고 다른 거 가져와"라고 했다. 아이가 이건 왜 안 되느냐고 물어보았지만 엄마는 다시 한 번 단호하게 다른 과자를 가져오라고 했고, 아이는 떼를 쓰기 시작했다. 그러자 엄마는 과자는커녕 집에 가서 혼난다고 말하며 아이의 손을 끌고 계산대로 갔다. 처음에는 과자를 사준다고 약속했으면서 못 사게 한 것이 아이는 서러웠을 것이다. 엄마가 과자를 사주기 싫어서 그런 줄 알고, 다른 것을 가져와도 안 사줄 것이라 생각해서 떼를 썼을지도 모른다. 그런데 도리어 집에 가서 혼낸다고 하니 서운할 수밖에 없다. 아이에게는 부스러기가 많이 떨어지는 파이 모양의 과자나 그렇지 않은 과자나 별반 차이가 없다. 하지만 엄마에게 부스러기가 많이 떨어지는 과자는 상한 과자, 비싼 과자 다음으로 피해야 하는 과자이다.

"엄마, 미워."

아이는 엄마가 약속한 것을 지키지 않는 것이 서운하다. 좀 더 자라서도 입학하면, 졸업하면 해준다고 약속한 것들을 왜 해주지 않는지 서운한 것만 생긴다. 아이가 보기엔 가능한데 엄마가 해주지 않는다면 그것은 분명 부스러기가 많은 과자 같은 것이다. 과자 부스러기가 대수냐면서 '아니, 청소가 힘들다고 해도 자식이 먹고 싶다는 과자인데, 나 같으면 사주고 그냥 청소하겠다'라고 생각한다면, 엄마의 일상에서 청소가 무엇인지 이해하지 못하는 것이다. 어린 동생이 그림으로 그린 엄마는 손에 항상 무엇인가 들고 있었다. 그것은 총채나 빗자루, 국자나 냄비 등 살림과 관련된 일상의 도구들이었다.

어린 시절 나에게 엄마는 나의 일상 자체였다. 그리고 학교에서 집으로 돌아온 나도 엄마의 일상 자체였다. 엄마에게 혼날 때 무릎을 꿇고 손을 든 채 벌을 받곤 했다. 엄마는 내 앞에서 총채나 빗자루로 바닥을 딱

어린 시절 엄마의 손에 늘 들려 있던 빗자루.

딱 치며 혼을 냈다. 한번은 엄마가 시장에 갔을 때 혼자 놀면서 그 모습을 따라 했다. 잔뜩 화가 난 표정으로 앉아 아무도 없는 허공에 대고 "잘못했지? 또 그럴 거야?"라고 소리치며 나무로 만든 빗자루로 마룻바닥을 쳤다. 그러다 빗자루 손잡이가 부러졌다. 그날 난 총채로 혼났다.

70세가 넘은 나이에 국제적 명성을 얻기 시작한 예술가 루이즈 부르주아는 특히 커다란 거미 모양의 조각으로 유명하다. 이 조각은 그녀가 엄마를 생각하며 만들었는데, 실을 뽑으며 해충을 잡는 유익하고 친숙한 거미를 엄마로 형상화한 것이다. 작품의 제목은 프랑스어로 엄마를 뜻하는 '마망'이다. 웬만한 건물만 한 조각의 크기는 엄마의 커다란 '감싸 안음'을 나타낸다. 몸의 중심부에 있는, 대리석으로 만든 알들을 보호하는 듯한 여러 개의 다리는 가늘지만 꿋꿋하게 서 있다.

유치원생들이 나오는 TV 프로그램에서 진행자가 한 아이에게 세상에서 누가 가장 좋으냐고 물어보니 아이는 바로 "엄마요"라고 답했다. 진행자가 다시 "엄마 어디가 그렇게 좋아요?"라고 물었는데 아이가 대답을 못하자 진행자가 장난치듯 "딱히 좋은 점이 없나 봐요" 하고 웃으며 넘어갔다. 이것을 보고 비슷한 장면이 떠올랐다. 〈나는 자연인이다〉에서 진행자가 "자연의 어떤 점이 좋으세요?"라고 묻자 자연인이 답했다. "어떤 점이 좋은 것이 어디 있어. 자연 그 자체로 좋은 거지." 엄마의 어떤 점이 좋으냐는 질문에 아이가 바로 대답하지 못한 것은 엄마의 좋은 점이 없어서도 아니고 너무 많아서도 아니다. 아이의 가슴에서는 그 질문이 이상했을 것이다.

청소 끝에
철학

루이즈 부르주아, 〈마망*Maman*〉, 1999.

청소 끝에
엄마를 보다

물방울이 바위를 뚫는다

항상 부지런하던 동생은 아이를 낳고 전업주부가 됐다. 결혼하기 전에는 화실을 다녔다. 데생을 배운 후 부모님 얼굴을 미대생처럼 유려하게 그려 액자에 넣어 한동안 집에 걸어놓았고, 미국 유학 시절에 플루트를 배운 후 잘한다는 칭찬을 받기 위해 꽤나 노력했다. 전공과 부전공 둘다 최선을 다했고, 대학원에 가서 자격증을 여러 개 따고 나서도 의대에 가기 위해 수능 준비를 다시 했다. 동생은 쉬지 않고 끊임없이 자신을 가꾸고 채워나가려 애썼다. 하지만 이제는 그림을 그리거나 플루트를 부는 일은 없고 시간이 나면 청소를 한다. 가만히 있기보다 몸을 계속 움직이며 집 안 구석구석을 쓸고 닦는다. 동생의 몸에 있던 부지런함은 청소에, 열정은 일상에 녹았다.

몸도 마음도 눈에 띄게 성장하는 시절에는 변화가 당연한 것이었다. 2학년이 끝나면 3학년이 되고, 중학교를 졸업하면 고등학교로 옮겨가면 되었다. 내가 무엇인가를 하지 않아도 늘 변화가 존재했기 때문에, 경험과 성장은 자연스럽게 쌓이는 것이며 이것이 삶이라 믿었다. 그런데 어느 순간부터 변화가 쉽게 일어나지 않았다. 반복되는 일상이 삶의 대부분이 되었다. 알랭 드 보통의 소설 《낭만적 연애와 그 후의 일상》은 작은 충돌에도 바르르 떠는 인간이 결혼이라는 제도로 이어져 부부가 되고 남은 일생을 함께 살아야 한다는 것에 의구심을 가진다. 그 의구심의 끝에서 작가는 모든 것이 그렇듯 설렘은 시작에만 있고 이후는 결국 반복되는 일상이며 이 일상을 함께 해나가는 것이 삶의 부분으로서 사랑을 이루는 것이라고 말한다. 초기의 열정은 일상에 녹아든다. 사랑의 의미도 연애할 때의 열정보다는 이후의 능숙함에 더 가깝다.

무언가를 시작할 때의 열정이 반복과 지속에 의한 능숙함으로 연결되는 것은 결혼뿐만이 아니다. 삶 자체가 연속이기 때문이다. 시작에 드는 에너지는 순간적으로 투입되어 많아 보이지만, 그 이후 지속을 위한 에너지의 총량과 비교하면 0에 수렴한다.

사람들은 가끔 일상에서 벗어나고 싶어 한다. 현실이 힘든 이유를 만만한 일상의 탓으로 돌린다. 수십 년째 입어 낡아버리고 체취가 뒤섞여 찌든 일상에서 벗어나지 못해 의욕이 떨어지고, 그래서 행복하지 않다고 생각한다. 그리고 지겹게 반복되는 일상과 가장 먼 곳에 유토피아가 존재한다고 상상한다. 영국의 작가인 토머스 모어가 '없다'는 뜻의 단어 'ou-'와 장소를 뜻하는 단어 'toppos'를 결합해 만든 '유토피아*Utopia*'는 그의 작명처럼 현실에 없는 장소이다. 만약 상상의 너머에 그러한 곳이 존재한다고 가정하더라도 그곳엔 가장 중요한 '나'가 없다. 나의 일이 없고 나의 가족도 없으며, 나의 습관과 체취가 없다. 나의 존재가 없는 곳에서 나의 행복은 불가능하다. 반면에 일상은 확고하게 만들어놓은 자신의 세계이며, 행복은 바로 이곳에서 가능하다. 일상에서는 나를 느끼고 평온을 느낄 수 있다. 우울감은 반복되는 일상의 지루함이 아니라 일상의 규칙이 파괴되는 데서 생긴다.

최상의 컨디션도 일상을 유지했을 때 느낄 수 있다. 엄마는 나의 수능

빈센트 반 고흐, 〈청소하는 여자 *Woman with a broom*〉, 1882.

청소 끝에
철학

시험일에 평소에 내가 가장 자주 먹던 반찬 위주로 점심 도시락을 싸주었다. 긴장을 완화할 때 가장 효과적인 것도 일상이다. 그 일상의 중심에 오랜 기간 엄마가 있었다. 그래서 엄마와의 통화는 별다른 내용이 없어도 마음의 안정에 가장 특별하다.

무언가 지속된다는 것은 거대한 힘의 증거이기도 하다. 평범한 일상에도 많은 에너지가 축적되어 있다. '수적천석水滴穿石'이라 했다. 끊임없이 떨어지는 작은 물방울은 바위도 뚫는다. 그런 일상을 위한 에너지는 다시 일상에서 얻는다. 다음 식사를 위한 그릇이 필요하기에 설거지를 하고, 활동을 편리하게 하기 위해 주변을 청소하며, 마당을 꾸미기 위해 꽃에 물을 준다. 이를 반복하며 얻는 것은 궁극적으로 삶의 에너지이다.
최근에 백화점에 갔다가 로봇청소기를 한참 쳐다보다 나왔다. 요즘 들어 유난히 힘겹게 마루를 닦던 엄마의 모습이 떠올라서다. 며칠 뒤 엄마의 집에 들렀을 때 요즘 로봇청소기는 성능이 좋아 그냥 켜놓으면 알아서 깨끗하게 마루를 닦아준다고 설명하면서, 사드릴까 물어봤더니 엄마가 되물었다. "그럼 엄마는 언제 청소해?"

수많은 소설과 영화에서 영웅적 존재는 일상을 유지하기보다 강한 모험심을 발휘하는 인물이다. 하지만 현실의 영웅은 일상에서 지켜야 하는 것을 잃지 않으려 노력하는 뚝심을 가진 인물이 아닐까. 나는 어제처럼 오늘도 청소를 하고 있고 내일도 청소를 할 것이다. 이렇게 지속되는 익숙함이 '나'라는 존재가 유지되고 있다는 안도감을 준다. 나와 함께하

청소 끝에
엄마를 보다

193

는 일상은 공기처럼 내 주변에 있다. 너무나 쉽고 익숙해서 숨 쉬는 것 같은 일상이지만 그러한 일상의 멈춤은 바로 삶의 멈춤이다. 다만 옆에 있어서 소중한 줄 몰랐던 것이다. 엄마처럼.

단체관광을 다녀오는 듯 보이는 나이 지긋한 할머니들이 버스에서 내렸다. 헤어지면서 인사를 나눈다. "잘 가, 다음에 꼭 봐." "응, 다음에 또 봐. 꼭 봐." 할머니들은 '꼭'을 길게 늘이고 여러 번 강조했다. 일상다반사日常茶飯事의 소중함은 삶의 소중함이다.

청소 끝에 인생을 만나다

청소와 나

08

사소한 것들의 사소함

'내일 날씨' '길 찾기' 등 매일 비슷한 단어들인 핸드폰 검색 기록을 자기 전에 삭제하는 습관이 있다. 핸드폰에 저장된 용량을 줄이기 위해서이기도 하지만 어떤 기록도 남지 않은 상태로 하루를 정리하는 것이 익숙해서다.

누가 보는 것도 아니고 봐도 별것 없는 기록들을 지속적으로 삭제하는 것은, 특별히 고된 하루가 아니었더라도 아무것도 담겨 있지 않은 상태로 하루를 정리하는 느낌이 자유롭기 때문이다. 또한 검색 기록은 내가 '자신에게 가장 특별한 나'가 아니라 단순하게 반복되는 일상 속 '그들 중 하나'라는 인상을 준다.

'운동화 빠는 법'
'배달 도시락'
'두통약 효능'
'눈 운동'

일상을 나타내는 것은 같지만 검색 기록은 일기와는 다른 느낌이다. 일기는 짧게 기재했어도 당시의 감정과 나의 시선이 남아 있기 때문에 '남과 다른 나'가 느껴지지만, 검색 기록은 나라는 인간을 단순하게 보이게 한다. 일기처럼 내가 중심이 되는 일상의 흔적은 나를 풍부하게 만들지만 내가 드러나지 않는 피상적 흔적은 나를 외롭게 만든다. 그래서 필요나 의미가 없는 것들을 깨끗하게 정리하면 안정감을 느낀다.

사소한 것을 정리하지 않으면 감정이나 일에서 중요도를 판단하지 못하는 오류를 범하게 된다. 영국의 역사학자인 시릴 파킨슨의 이름을 딴 '파킨슨의 사소함의 법칙*Parkinson's Law of Triviality*'은 상대적으로 중요하지 않은 일에 많은 시간과 노력을 들이는 경향을 말한다. 그는 기업의 회의를 예로 들었는데, 임원회의에서 두 개의 안건을 다룬다고 가정했다. 첫 번째 안건은 1억 파운드(1500억 원)의 비용이 드는 공장 건설이었고, 두 번째 안건은 3500파운드(520만 원)의 예산이 드는 자전거 거치대 설치였다. 첫 번째 안건에 대해서는 두 명만이 의견을 교환하며 10여 분 만에 결정했지만, 두 번째 안건에 대해서는 회의에 참여한 모든 사람이 의견을 내며 한 시간 넘게 격론을 벌였다. 그런데도 결론을 내지 못해 다음 회의 때 다시 의논해보자며 회의를 끝냈다.

사소한 것은 단순하기 때문에 매달리기 쉽다. 매달리고 몰입하다 보면 뭔가 되겠지 하고 열심히 해보지만 실상은 알맹이 없는 결과를 불러올 수 있다. 나중에 추억의 한 편이 되겠지 하고 남겨놓은 물건 중에 긴 시간이 흘러 어떤 감흥으로도 남지 않는 것도 많다. 고등학교 수학여행 때 생긴 박물관 티켓이나 대학 시절 갔던 유럽 배낭여행에서 사용한 버스표 등을 오래 모아놓았다. 수십 년 후 기억을 회상하게 하는 중요한 기록물이 될 것 같아서 버리지 못했다. 하지만 지금도 여전히 그저 박물관 티켓이며 유럽의 버스표다. 티켓과 버스표에 얽힌 특별한 경험이 있다면 모르겠지만, 단순히 시간만 지난 그것들은 나에게 감흥을 주지 못하는 피

대학 시절에 갔던 유럽 배낭여행에서 사용한 버스표.
오래 간직했지만 별다른 감흥을 주지는 못한다.

상적인 물건이다. 기억을 회상하게 하는 데도 그다지 도움을 주지 못한다. 추억을 되짚는 일은 수사에 필요한 사실 여부를 찾는 것처럼 작은 물품들을 토대로 구성하는 것이 아니다. 여행지와 비슷한 거리를 여유롭게 걷고 있는데 그 당시처럼 차갑고 상쾌한 바람이 불거나, 함께 여행 갔던 친구들과 만나 그때의 이야기를 나누며 웃고 즐길 때 추억은 회상된다.

　기억이 왜곡되는 것처럼 추억도 바뀐다. 당시는 힘들었지만 시간이 지나서 뿌듯한 추억으로 남을 때가 있고, 그때는 즐거웠지만 시간이 지나 아무 의미 없이 느껴지기도 한다. 추억은 '현재' 느껴지는 감성이므로 당시의 물건을 버린다고 사라지거나 희석되지는 않는다. 또 나의 경험과 기억으로 남아 있던 추억이 단순한 매개체를 통해 부각되거나 강조되지도 않는다. 의미가 없는 물건들이 시간이 지나 기억과 기록이 되어 나를 풍요롭게 해줄 것이라는 예상은 자신의 삶이 저절로 의미 있게 채워지기를 바라는 것과 같다. 어느 작은 시골 마을에 놀러 가 장터를 구경하다가 수공예 손거울을 보았다고 하자. 마침 손거울이 필요했다거나 그 여행을 적극적으로 즐기는 방법의 하나로 구매한다면 사는 행위가 즐거울 것이다. 하지만 단순히 여기까지 왔으니 나중에라도 의미가 생겨야 한다는 심정으로 구매한다면 필요도 없고 의미도 없게 된다. 지금의 순간을 즐기지 못하면 기억도 추억도 없다.

미국 콜로라도 대학교의 심리학자 리프 반 보벤 교수는 금액을 지불하고 물건을 얻는 것과 경험을 얻는 것을 나누어 실험했는데, 물건을 구매했을 때보다 경험을 구매했을 때 만족도가 높았다. 그 이유에 대해 리프 반 보벤 교수는 물질 구매는 비교가 가능하기 때문에 주변 사람들의 비슷한 구매와 비교되어 매력이 감소한다고 설명했다. 또한 물질 구매는 경험 구매만큼 기억을 통한 환기의 대상이 되지 못했다. 경험 구매는 주로 타인들과 어울려 하는 사회적 활동으로 긍정적인 기분이 오래 지속되는 반면, 물질 구매는 단독 행동인 경우가 대부분이기 때문이다.

자꾸 일이 꼬이면 당장 청소부터

지금은 인터넷에서 쉽게 논문을 내려받아 볼 수 있지만 예전에는 대학교 도서관이나 국회도서관 등에서 빌려 복사를 해야 했다. 그래서 한창 졸업논문을 준비하던 기간에는 방 여기저기 책들과 복사한 자료들이 잔뜩 쌓여 있었다. 시간이 지날수록 점점 지저분해졌지만 청소할 여유가 없어 대충 눈에 보이는 곳만 치웠다. 하루는 창문을 활짝 열고 책을 읽고 있었는데 찢어진 방충망 사이로 나방 한 마리가 들어왔다. 깜짝 놀라 손에 든 책으로 휘휘 저었더니 책에 부딪혀 툭 떨어졌다. 그런데 싸서 버리려고 휴지를 가지러 나간 사이 나방이 온데간데없어졌다. 퍼덕거리다가, 탑처럼 쌓여 있던 책과 논문 사이로 떨어진 듯했다. 할 수 없다 생각하고 다시 책을 읽으려는데, 나방의 실체를 이미 보았기 때문에 신경이 쓰이기 시작했다. 책들 사이에서 나방이 부스럭거리는 소리가 나는지 집중해서 들어보려고 했다. 논문 준비 때문에 잠을 며칠 못 자서 그런지, 책 틈에 알을 낳을 것 같다거나 내가 없을 때 조용히 날아올라 옷 틈으로 들어갈 것 같다는 망상이 들기도 했다. 책을 한두 권 빼낸다고 될 일도 아니었다.

어떡해야 하나 고민하다 대청소를 해야겠다고 생각했다. 우선 수십 권의 논문과 책을 조금씩 들어 넓은 거실로 옮겨놓기 시작했다. 땀을 뻘뻘 흘리며 부지런히 옮기다 보니 방바닥의 탑들이 다 옮겨졌다. 책을 다 들추고 나니, 아무리 찾아도 없던 나방이 보였다. 휴지에 싸서 버리고 먼지도 턴 김에 걸레로 방바닥을 박박 닦고 책장까지 정리했다. 책장에 책을 가로로 대충 쌓아놓다 보니 많이 들어가지도 않고 빼기도 힘들었는데, 세로로 꽂으니 공간이 꽤 남아서 거실의 책들을 가져다 꽂을 수 있었다. 방을 깨끗이 청소하고 다시 책상 앞에 앉으니 머릿속도 함께 정리된 기분이 들어 책이 더 잘 읽혔다.

당장 해야 하는 일에만 초점을 맞추다 보면 주변의 환경에 무심하게 된다. 하지만 결과적으로 주변 환경 때문에 일이 지연되거나 능률이 떨어질 수도 있다. 지금은 여력이 없다는 핑계로 우선 이 일을 마치고 나서 주변을 돌아보겠다고 미루면, 그 미뤄놓은 일들 때문에 하고자 하는 일이 마음처럼 안 되는 것이다.

환경은 사람의 능력에 영향을 미친다. 인간의 감정은 주변의 변화에 민감해서 이성적인 일을 할 때도 영향을 받는다. 하지만 이런 사실을 알아도 주변을 정리하는 것은 생각보다 쉽지 않다. 바쁘게 살다 보면 또 둔감해지기 때문이다. 그렇게 신경 쓰지 않고 방치하는 상태가 지속된다면, 주변의 많은 것들이 쓸모없는 짐처럼 자리만 차지하고 있을 것이다.

집 안을 정리하기 힘들 때는 가구의 위치를 옮겨보는 것이 도움이 된다. 이사를 갈 때 필요 없는 물건을 버리고 정리하게 되는 것처럼 집 안의 구조와 환경을 바꾸다 보면 버려야 할 것이 보인다. 고야마 노보루의 저서 《매출이 200% 오르는 아침 청소의 힘》에서는 부서의 위치를 바꾸니 사원들의 능률이 눈에 띄게 오른 이야기가 나온다. 짐을 옮기면서 버려야 할 것과 남겨야 할 것들이 눈에 보이니 자연스럽게 주변 환경이 정리되었기 때문이다.

이러한 주변 정리의 중요성은 공간에만 해당되지 않는다. 정리되지 않은 습관이나 인간관계가 일의 몰입에 영향을 끼치는 경우도 많다. 정리가 필요하다고 생각하면 더 쌓이기 전에 하는 것이 좋다. 먼지든 관

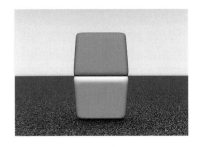 

위치나 배경에 따라 동일한 대상이 다르게 보일 수도 있다.
양쪽의 도형은 가운데 부분을 제외하면 같은 색상이다.

계든 너무 많이 쌓이면 떨어내기 쉽지 않다. 습관이나 인간관계의 변화를 원할 경우 생활 패턴을 바꾸면 기존에 의미 없이 자리 잡고 있던 것이 자연스럽게 빠지기도 한다. 예를 들어 '올빼미족'이던 사람이 '아침형 인간'이 되고 나서 며칠이 지나 우연히 핸드폰의 최근 통화목록을 보면 전과 다른 패턴을 찾을 수 있을 것이다. 그 반대도 마찬가지이다.

일이 잘 안 되는 이유가 자기 자신이 아니라 주변 환경에 있을 수 있듯이 감정도 그렇다. 한 미국 드라마에서 난임 치료를 받는 어떤 여성이 산부인과에서 나오다가 다른 사람과 부딪힌다. 그녀는 순간적으로 짜증이 났지만 이내 '내가 지금 임신을 위한 호르몬 치료를 받고 있어서 그럴 거야'라고 생각하며 평소보다 기분이 더 상했던 이유를 찾고는 분을 가라앉힌다. 짜증의 이유를 상대방이나 자신의 탓으로 돌리기 전에 상황이나 배경에서 찾아보면, 자신도 이해하게 되고 주변에서도 나를 이해하게 된다.

청소 끝에
인생을 만나다

누구나 평소보다 심하게 짜증이 나는 날이 있다. 이런 때는 작은 일에도 화가 나서 본인도 힘들고 주변 사람도 힘들다. 하루는 일이 잘 안 풀리고 생각도 꽉 막힌 것 같아 친구에게 전화를 걸어 힘들다고 이야기했더니 친구가 "네가 배가 고파서 그래"라고 말했다. 가만 생각해보니 밀린 일을 하느라 점심시간이 훌쩍 지나도록 식사를 안 했다. 일을 잠시 내려놓고 나가서 먹고 싶은 것을 먹은 후 사무실로 들어오니 머리가 맑아졌다. 정말 배가 고파서 그랬던 것이다.

방 정리, 생각 정리

초등학교 때 일주일에 한 번은 꼭 책상을 한쪽으로 전부 밀고 일렬로 앉아서 교실 바닥에 왁스를 발라 광을 냈다. 걸레와 왁스는 학생들의 준비물이었다. 무릎을 꿇고 앉아 마룻바닥이 반짝거릴 때까지 꽤 오랜 시간 닦아야 했다. 지금 생각하면 우리 집 마루도 아닌데 뭘 그렇게 열심히 닦았나 싶을 정도로 힘을 주어 박박 닦았다. 학생들끼리 오밀조밀 모여 앉아 있다 보니 어디서 들은 무서운 이야기도 하고 퀴즈를 내기도 했다. 무서운 이야기는 일본의 괴담이 대부분이었고, 퀴즈는 청소년 잡지의 뒷부분에 있는 난센스 퀴즈 같은 것이었다.

그런데 동네 소식통이었던 한 아이가 옆 반의 어떤 여학생의 엄마가 무당이라는 이야기를 했다. 친구들은 깜짝 놀라 "진짜?"를 연발하며 되물었다. 그 여학생과 작년에 같은 반이었던 다른 친구가 그러고 보니 그

애는 도시락 반찬으로 전이나 산적 같은 제사음식을 주로 싸 왔다며 어머니가 무당이라는 추측에 힘을 보탰다. 그 이후 그 여학생이 무당집 딸이라는 소문이 전교에 떠돌았다. 열 살을 갓 넘은 학생들에게 '무당'이라는 화제가 꽤나 흥미로웠던 것 같다. 아이들은 청소할 때마다 그 이야기를 수군거렸는데, 어느 날 듣고 있던 내가 그 애는 무당집 딸이 아니라고 우기기 시작했다. 나와 친했던 것도 아닌데 왠지 그것이 '정의'라고 생각했다.

그 이후 적어도 우리 반에서는 무당집 딸 이야기가 쏙 들어갔고, 그 친구는 무당집 딸이 아닌 것이 되었다. 나는 뭔가 착한 일을 한 것 같아 내심 굉장히 뿌듯했다. 그런데 몇 달이 지난 어느 일요일 아침, 심부름 가는 길에 파란색 이사트럭이 물건을 잔뜩 싣고 있는 것을 보았다. 절에 나 있음직한 커다란 그림과 화려한 도구들은 누가 봐도 굿을 위한 것이었다. 그때 머리를 뒤로 꽉 묶은 여인과 내 또래의 아이가 나와서 트럭의 조수석에 함께 타는 것을 보았다. 친구들이 무당집 딸이라고 했던 그 아이였다. 그 장면을 보고 심장이 뛰기 시작했다. 사실 내가 틀리고 친구들이 맞았는데, 잘 알지도 못하면서 괜히 우겨서 나의 말이 맞는 것처럼 된 것이다. 제대로 알고 있던 친구들을 윽박지르고는 혼자 뿌듯해한 꼴이었다. 집에 와서도 내내 머리가 혼란스러웠고 아무것도 정리가 되지 않았다.

왜 이렇게 불편할까 곰곰 생각해보니 나의 행동이 그 친구를 위해서라기보다 나의 정의감을 드러내기 위한 것이었기 때문이었다. 이 기회에 나를 더 드러낼 수 있겠다는 생각에 의도적으로 끼어든 것이었다. 학교에 가서 내가 틀렸고 너희들이 맞았다는 사실을 말해줘야 하나 고민하기 시작했다. 한참을 골똘하게 생각하다 보니 이게 맞고 틀림의 문제가 아니라 옳고 그름의 문제가 아닐까 싶었다. 한 친구가 학교에 다니는 것을 불편하게 만드는 상황이 그릇된 것이라고 생각했다. 그러니 나의 정의감도 유치하게 생각되지 않고 초등학생으로서 자연스러운 감정이라 느껴졌다. 다음번에도 비슷한 일이 생기면 똑같이 하겠다고 마음먹었다. 그날 저녁밥을 배부르게 먹고 푹 잤다. 혼란을 통해 정리가 된다. 방도, 생각도.

'그때'의 내가 아니다

네가 나를 모르는데 난들 너를 알겠느냐. 한 치 앞도 모두 몰라 다 안다면 재미없지. 바람이 부는 날엔 바람으로 비 오면 비에 젖어 사는 거지. 그런 거지.

1991년에 나온 〈타타타〉라는 노래 가사이다. 호탕하게 웃으며 끝맺는 이 노래는 철학적인 가사로 사람들의 큰 사랑을 받았다. '타타타 *tathātā*'는 산스크리트어로 '있는 그대로의 것'을 의미한다. 이 앞에 부사가 덧붙는다면 그것은 '현재'일 것이다. 바람이 부는 날엔 바람을 맞고 비가 오는 날은 비에 젖는다. '있는 그대로'라는 것은 지금 현재의 상태를 말한다.

청소를 도와달라는 어머니의 말에 나름의 반항이랍시고 한마디 하던 때가 있었다. 주로 어차피 내일 할 건데 뭐하러 오늘 또 청소를 하느냐는 것이었다. 그러나 곧바로 "내일 먹을 건데 오늘 밥은 왜 먹냐?"로 대응하는 어머니의 승리였다. 밥을 먹고 잠을 자는 것처럼 매일 끊임없이 죽기 전까지 하는 것이 청소다. 그래서 '해도 해도 끝이 없다'는 말은 현재 살아 있기 때문에 당연한 말이다. 오늘의 청소는 어제의 청소와 다르다.

얼마 전 친구가 오랜만에 영화를 보자며 전화를 했다. 영화를 소개하는 TV 프로그램에서 잠깐 봤던 영화가 생각나서 그 영화는 어떨까 했더니 친구가 "네가 싫어하는 배우 나오잖아"라고 했다. 이름도 헷갈릴 만큼 크게 관심이 없는 배우였고 그런 말을 한 기억도 없었지만, 예전에 지나가는 말로 내가 그랬었나 싶었다. 그래서 나는 잘 기억나진 않지만 아무튼 영화가 재미있을 것 같으니 보자고 제안했다. 그런데 친구는 계속 '네가 싫어하는 연예인'이라고 못 박아 이야기하며 그 영화를 선택하는 것이 예상외라고 했다.

그런 친구의 반응이 나는 오히려 의아했다. 그리고 예전에 라디오에서 들었던 비슷한 상황이 떠올랐다. 진행자가 한 가수에게 좋아하는 계절을 물어보았고 가수는 '가을'이라고 답했다. 그러자 진행자가 짓궂은 목소리로 "에이, 거짓말" 하면서 "예전에는 봄이라고 했잖아요"라고 덧붙였다. 그러자 가수가 대답했다. "그때 좋아한 계절은 봄이었고 지금은 가을이에요. 지금 가을을 좋아하는데 예전에 봄이라고 말했다고 해서 지금도 봄이라고 답하면 오히려 그게 거짓말 아니에요?" 나도 비슷하게 생각한다. 지금 싫어하면 싫은 것이고 좋아하면 좋은 것이다. 어제 밥 먹은 기억이 있다고 지금 배가 안 고프지 않은 것처럼 과거의 경험과 기억은 현재를 설명하지 못한다.

2010년 스페인의 변호사 마리오 코스테자 곤살레스는 자신의 이름을 인터넷에서 검색해보고 얼굴이 찌푸려졌다. 자신이 경제적으로 힘들었던 1998년 연금을 제때 내지 않아 집이 경매에 넘어갔던 일이 기사로 검색되어 떴기 때문이다. 그는 빚을 이미 다 갚았고 경제적 사정이 크게 달라진 지금 그 신문의 내용은 자신에 대해 적절하지 않은 정보라고 생각해, 개인정보보호원에 기사를 삭제해달라고 요청했다. 그러자 보호원은 구글로 검색했을 때 화면에서 관련 링크를 없애라는 결정을 내렸다. 하지만 구글은 이의를 제기하며 제소했다. 이 사건에 대해 유럽연합 최고법원인 유럽사법재판소는 구글 검색 결과에 링크된 웹페이지가 사실이며 합법적인 경우라도 링크를 삭제해야 한다고 판결을 내렸다. 그리고 2012년 1월 유럽연합 집행위원회는 개인이 인터넷 정보에 대해 삭제를 요구할 수 있는 '잊힐 권리'를 포함한 정보보호법 개정안을 내놓고, 이에 대한 법적 구속력을 강화할 것임을 표명했다. 우리나라에서도 2016년 6월 방송통신위원회가 인터넷에 자신이 직접 올린 게시물을 아이디나 비밀번호를 잊어버려 삭제할 수 없을 때 이를 지울 수 있는 가이드라인을 마련하며 '잊힐 권리'를 제도화했다. 아무리 본인이 직접 올렸다고 하더라도 그때의 취향이나 사상이 지금의 것과 다르다면 지금의 나는 과거의 행위에 동의하지 않을 수 있다는 것이다.

방을 청소하다 옷장 밑의 먼지를 빼내기 위해 긴 자로 휙 저어서 안에 있는 것들을 꺼냈다. 동전 몇 개와 무언가 반짝이는 것들이 나왔는데 초등학교 때 열심히 모았던 큐빅들이었다. 초등학교 앞 문구점에서 사서 상자에 넣어놓고 하얀색 큐빅은 다이아몬드, 빨간색 큐빅은 루비, 파란색 큐빅은 사파이어라고 구분해 진짜 보석처럼 소중히 보관했었다.

경험과 기억은 삶이 남겨주는 선물 같아서 나이가 들면 자연스럽게 현명해지고, 곱씹을 기억이 많아지면서 가만히 있어도 행복해질 수 있을 것 같았다. 하지만 기억은 쌓이는 것이 아니라 변하는 것임을 깨달았

초등학교 시절 진짜 보석처럼 모았던 큐빅들.

다. 많은 경험을 쌓은 나이가 지긋한 성인들도 같은 실수를 반복한다. 아이가 느끼는 감정은 그 나이를 분명히 경험했음에도 성인은 깨닫지 못한다. 조카가 맛있다며 아끼던 캐러멜을 까서 입어 넣어주었는데 너무 달아서 몰래 뱉었다. 단것을 특히 좋아하던 어린 시절의 내가 기억나지 않는다.

자신에게 충실하다는 것은 '현재의 자신'에게 충실하다는 것이다. 나는 현재의 나를 말한다. 지금의 내가 소중하게 생각하는 것이 소중한 것이다. 예전과 달라진 자신에게 충실한 것이 과거의 나를 배신하는 것은 아니다. 예전에 소중히 여겼던 것을 버린다고 해서 과거의 나를 부정하는 것도 아니다.

영국의 철학자인 데이비드 흄은 '묶음 이론bundle theory'에서 '자아'란 조개 속의 진주처럼 변하지 않는 핵심으로 고정된 것이 아니라 '시시각각 변화하는 묶음들'이라고 표현했다. 줄리언 바지니는 저서 《에고 트릭》에서, 시간의 변화에 따라 우리는 다른 생각과 행동, 모습을 띤다고 했다. 또한 사회의 여러 관계에서 상이한 행동을 취하는데, 이러한 각각의 모습에서 변치 않는 핵심을 찾으려 하기보다 이 모든 것을 받아들이는 것이 자신을 찾는 방법이라고 했다. 내면을 깊숙이 헤집어 고정된 나를 찾는다는 것은 나를 규정한다는 말과 비슷하게 들린다. 떠도는 바람처럼 흘러간 것은 흘려보낸 뒤 지금 느껴지는 바람이 '나'이다.

작년에 졸업한 학생이 학교에 찾아왔다. 회사는 어떠냐고 물어보니,

배우는 것도 많지만 본인이 예상한 것보다 힘든 일이 더 많다고 토로했다. 사회 초년생은 다 힘든 거라고, 시간이 지나면 다 경험이고 추억이 될 것이라고 이야기해주었다. 한참 고개를 끄덕이며 열심히 듣던 학생이 "교수님은 인생을 살면서 가장 힘들었던 적이 언제였어요?"라고 물어봤다. 용기를 가지라고, 지금의 힘든 것은 아무것도 아니라고 실컷 이야기한 상태라 힘들었던 경험담을 구체적으로 이야기해주는 것이 도움이 될 것 같았다. 그런데 당최 기억이 나지 않았다. 나 또한 힘든 일을 많이 겪었지만 대부분의 사람이 그렇듯이 시간이 지나니 아무것도 아니더라는, 그러니 너도 괜찮아질 것이라는 말을 해주고 싶었지만, 힘들었던 일들이 기억에서 지워졌거나 마음에서 녹아버린 것 같았다.

그날 저녁 집으로 돌아가는 길에 힘들었던 순간을 하나하나 되짚어봤다. 수험생 시절도 힘들었고 사업할 때도 힘들었다. 당시는 병이 날 정도로 심리적으로나 육체적으로나 힘들었던 게 사실인데, 단번에 떠오르지 않았던 것이다. 운전이 익숙해진 다음에는 익숙하지 않았던 내가 전혀 기억나지 않는다. 이 넓은 주차장에 주차를 못했던 사실은 기억나는데, 주차를 못한 '당시의 나'는 기억할 수 없다. 억지로 주차를 못하는 척하려고 해도 당시처럼은 못하는 것이다. 그러다 문득 깨달았다. 나는 그 학생의 힘듦을 알지 못한다는 것을. 신입사원이 아닌 나는 그 학생이 얼마나 힘든지 제대로 알 수 없다. 과거에 경험했다는 사실만으로 현재를 알 수 없다는 것, 이 사실을 아는 것이 타인에 대한 이해의 시작 같다.

잊히는 것들

평소에 사람들이 크게 관심을 가지지 않는 중년 이상의 유명인이 포털 사이트 검색어 1위에 오르면 가장 먼저 '혹시 부고 기사가 떴나' 하는 생각이 든다. 평소에는 별 관심을 갖지 않았던 사람이라도 그의 죽음에는 크게 관심을 갖게 된다. 그 사람에 대한 애도 안에는 자신의 과거가 사라지는 것에 대한 슬픔도 함께 자리한다. 굳이 지금 꺼내기에는 수고스럽지만 지워지지 않았으면 했던 것들, 자신의 과거와 향수가 사라지는 느낌이기 때문이다.

친한 지인이 영어회화 학원에 다니기 시작했다. 외국에서 학창 시절을 몇 년 보냈지만 한국에 돌아온 지 20년이 지나 영어로 말을 하는 것이 어색하다며 뭐든 차근차근 하는 것이 좋을 것 같아 제일 기초반에 들어갔다고 했다. 첫날 영어로 닉네임을 정한 후 둘씩 짝을 이루어 교재에 있는 질문에 번갈아 답하는 수업을 했는데, 질문들이 어린 시절을 떠오르게 했단다. "What do you want to do next?(너는 앞으로 무엇을 하고 싶니?)" "What's your favorite color?(네가 가장 좋아하는 색깔은 무엇이니?)" 어른이 되고부터는 예의라는 명목 아래 서로 잘 물어보지 않는 것들이었다. 본인 또한 현재 자신이 좋아하는 것이 무엇인지, 앞으로 무엇을 하고 싶은지 깊이 생각하지 않고 그냥 적응된 대로 살아간다.

"꿈은 도망가지 않아. 도망가는 것은 언제나 자신이야."
"평화에도 승리가 있어. 싸움의 승리에 못지않은 드높은 승리가."

청소 끝에
철학

212

깊이 있는 문학의 한 구절인 듯한 위 문장들은 어릴 때 봤던 만화 〈짱구는 못 말려〉에 나오는 대사다. 어렸을 적 보던 동화책이나 만화책을 성인이 돼서 보면 새롭다. 어릴 때를 회상하면서 보는 것이 아니라 성인이 된 자신의 상황에서 읽게 되기 때문이다. 만화의 주인공들은 일을 해도 '사랑과 정의의 이름으로' 했다. "친구야, 우리 친하게 지내자"와 같은 화해의 말도 서슴지 않았다. 하지만 성인이 되면 어릴 때 세상에 대해 느꼈던 진지함이 냉소로 바뀐다. "세상은 참 아름다워"와 같은 말도 하지 않는다. 냉담한 현실을 받아들일 줄 모르는 아이처럼 유치해 보이기 때문이다. 하지만 만화나 동화라는 형식을 떠나 진중하게 바라보면 무게감이 느껴지는 말들이 많다. 세상에 몸 사리는 것을 배우지 않은 아이들의 말은 유치하지 않다.

초등학교 시절 만화로 된 과학책을 읽었는데 동물을 포유류, 조류, 파충류, 양서류, 어류 등으로 나누는 내용이 있었다. 조류 이야기의 마지막 부분에 펭귄이 나왔다. 조류는 날개가 있어 날 수 있는 것이 가장 큰 특징이라고 했는데 펭귄에 대해 '날지 못하는 새'라고 설명했다. 이 말이 도저히 이해가 가지 않았다. 날 수 있다는 것이 새의 가장 큰 특징인데, 그 특징이 없는 동물에게 새라니!

그때 알았다. 무언가를 구분 짓는 방법은 능력이 아니라 형식이었다. 날 수 있다는 능력이 아니라 날개라는 형식이 펭귄을 조류에 포함시켰다. 차별하기 위해 깊게 의미를 부여하거나 어렵게 나누지 않았다. 다만 동물들에게 유리하게 구분할 뿐이었다. 예를 들어 차이에 따라 적합한

날지 못하지만
조류에 속하는 펭귄.

환경이 상이하다거나, 포유류는 포유류를 위한 예방주사가 있고 조류는
조류에 맞는 약이 있다는 식이다. 하지만 성인이 되어 사회생활을 하면
서 사람들은 능력으로 구분되기 시작했다. 그 구분 안에서 펭귄의 날개
같은 것은 특징이 아니라 단점이었다. 능력을 꼬집어 세세히 구분하는
것은 차별을 위한 발판이었다.

어릴 때 '깍두기'가 있었다. 친구들과 편을 나누어 고무줄놀이나 공
기놀이를 할 때 전체가 홀수라 한 명이 남으면 아이들 중 게임에 가장
약한 아이를 '깍두기'라 이름 붙여 게임에 참여할 수 있게 했다. 깍두
기가 있으니 어느 한 팀의 인원수가 많아도 아무도 불공평하다고 말하

지 않았다. 그저 함께 재미있게 놀자고 모였는데 단지 숫자 때문에 한 명을 떼어놓는 것은 잘못이라고 생각했다. 이렇게 상황에 맞춰 융통성 있게 행동했던 어린 시절과 달리, 커가면서 '효율성'을 내세워 일을 해 나갔다.

정신없이 청소하다 보면 버려지지 않았으면 했던 것들이 버려지기도 한다. 하지만 무엇이 버려졌는지는 바로 깨닫지 못한다. 시간이 지나 마음에 여유가 생겼을 때 문득 떠오른다. 그래도 버려졌다는 것을 안다면 적어도 그 존재를 의식하고 있는 것이다. 가끔 서점의 동화책 코너에 가서 책을 읽는다. 동화책을 읽던 당시가 그리워서라기보다 그냥 지금은 어린이를 위한 책이 재미있다.

낡은 것이 좋다

직접 청소를 할 필요가 없는 호텔에 머무르면 편리하다. 하지만 꽤나 오래 머물러도 공간에 대한 친근함은 쉽게 생기지 않는다. 청소를 해주는 사람이 있기 때문에 온전한 나의 공간이 되지 않는다. 나의 흔적은 내가 인식할 수 없도록 계속 치워지고, 말끔해진 누군가의 흔적이 남는다. 그래서 한번은 가족끼리 도시 외곽의 펜션으로 놀러 갔을 때 머무는 기간 동안 우리가 그 방을 청소했다. 간략하게 청소가 되어 있었지만 들어가기 전에도 다시 쓸고 닦았다. 구석구석 청소하다 보니 공간에 빨리 익숙

청소 끝에
인생을 만나다

215

해졌다. 며칠이 지나 그 방을 떠날 때 아쉬움에 오랫동안 둘러보고 나왔다. 공간을 익숙하고 친근하게 만드는 데는 청소가 가장 좋은 방법이다. 청소를 하면서 공간을 가깝게 접하고 이를 다루는 방법을 익히게 된다. 그러면서 공간이 익숙해진다. 사람도 자주 만나야 익숙하듯이.

하지만 그런 익숙함이 그냥 지속되지는 않는다. 외국에 살다 1년 만에 집에 들렀는데 변한 게 없는 내 방인데도 어색했다. 수십 년을 살다 잠시 1년 비운 것뿐인데, 게다가 그 공간을 누가 사용한 것도 아니고 그대로인데도, 오랜만이라 반가움은 있었지만 이전과 같은 친근함은 느낄 수 없었다. 방이 원래 이렇게 작았나 하는 생각도 들었고 그래서 새롭게 느껴졌다. 시간이 지나 나의 흔적이 다시 묻기 시작하면서 방이 편안해졌다.

가끔 '그 사람은 내가 잘 아는데'라면서 짐작해서 행동할 때가 있다. 하지만 방도 사람도 한번 익숙해졌다고 계속 익숙해진 상태를 유지하는 것이 아니다. 우리는 가끔 익숙함에 익숙해져서 실수를 한다. 과거에 익숙했기 때문에 지금도 익숙하다고 오인하는 것은 어제 청소했기 때문에 오늘도 당연히 깨끗할 것이라고 믿는 것과 같다. 자신에 대한 것도 마찬가지다. 스스로에 대해 잘 안다고 생각하지만 가끔은 내가 잘 모르는 나를 발견한다.

그리고 자주 봐서 익숙하지만 친근하지 않은 사람이 있는 반면, 알고 지낸 지 오래되지 않았지만 친근한 사람이 있다. 자신과 비슷한 부분이

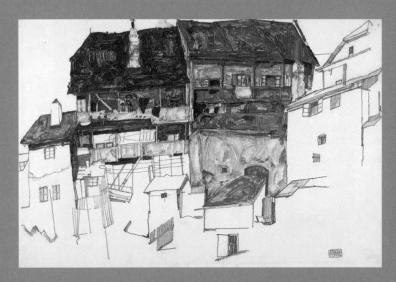

에곤 실레, 〈크루마우의 오래된 집*Old houses in Krumau*〉, 1914.

있다고 생각되면 친근하다고 느껴진다. 자신이 사용하는 물건도 자신과 닮아 있다. 무생물인 물건이 자신과 닮았다고 생각되는 것은 자신의 손길과 애정이 들어 있기 때문이다. 이렇게 자신의 자취가 묻은 물건들이 역으로 자신을 느끼고 인식하게 해준다. 사람들이 정원이나 텃밭을 가지고 싶어 하는 것은 가졌다는 사실 때문이 아니라 가꾸고 싶다는 것 때문이다. 이러한 행동은 세상의 낯섦이 익숙함으로 다가오게 한다.

지은 지 얼마 되지 않은 새집과 오래된 낡은 집은 청소하는 느낌이 다르다. 새집은 흔적이 고스란히 티가 나서 먼지가 쉽게 눈에 띈다. 하지만 코팅된 신제품 위에 묻은 먼지는 훅 불어내기만 해도 쉽게 깨끗해진다. 오래되고 낡은 집은 먼지가 자연스럽게 안착되어 눈에 잘 띄지 않는다. 또한 먼지를 떨고 닦아내도 반짝반짝 광을 찾기는 어렵다.

먼지가 눈에 띄기 때문에 새집은 언제, 어느 정도 청소를 해야 할지 정해진다. 먼지가 눈에 띌 때가 청소해야 하는 시기이며, 먼지가 없어질 때까지 청소를 한다. 그리고 어느 정도 쓸고 닦으면 원래 상태로 돌아간다. 하지만 낡은 집은 어디서부터 어떻게 청소해야 할지 감이 안 잡힌다. 그래서 청소를 해야 할 때와 하는 정도 모두 전적으로 하는 사람에게 달렸다.

나는 낡고 오래된 것을 청소하는 것이 더 재미있다. 나에 의해 청소의 가치가 더 살아나기 때문이다. 깨끗한 새것에 묻은 먼지를 닦는 행동이 나의 의도나 결정이라기보다 해야만 하는 것을 행하는 느낌이라면, 오래되고 낡은 것을 청소하는 일은 의무가 아니라 더 자유로운 선택의 행동처럼 느껴진다. 새것은 아직 나와 비슷하지 않아 거리감이 있지만, 오래되고 낡은 것은 나의 행동이 자유롭게 스며들 수 있다. 나는 이것이 좋다.

걸레를 짜며, 다시 시작하다 *Epilogue*

친하게 지내는 철학과 교수가, 수업시간에 어떤 개념을 설명하려고 화장실에서 똥 누는 이야기를 하니 다 함께 웃고 공감하던 학생들이 아리스토텔레스의 카타르시스를 말하니 갑자기 필기를 하더란다. 전자나 후자나 '정화淨化'와 비슷한 맥락이었는데 말이다. 수많은 사상가와 철학자가 정돈된 문장으로 말했던 것은 사실 우리 주변에 날것 그대로 있어왔다. 일상의 작은 부분, 작다 못해 하찮다고 생각하는 것들이 때로는 철학을 생생하게 보여주는 예시이다. 화장실에서 변을 보다가 감정의 순환을 이해하거나, 물걸레로 방바닥을 훔치다가 해탈을 깨달을 수도 있다. 젖은 머리를 드라이어로 말리다가 삶의 본질을, 빨래를 개다가 인류애를 느낄 수도 있다. 매일 아침 출근길, 숨도 못 쉴 만큼 혼잡한 지하철을 타고 다니다 보면 저절로 도를 닦는 기분도 든다.

낮과 밤의 무한한 순환 속에서 밥을 먹고 잠을 자며 심신의 안정을 추구하는 인간사는 태초부터 반복의 연속이다. 따라서 어떤 순간의 깨달음이 반드시 집요한 명상에서 비롯되는 것은 아니다. 깨달음은 바닷가 모래알같이 무수한 날들을 '일상'이라는 이름으로 유지해온 반복의 결실이다. 그리고 그 일상에는 '나'가 묻어 있다. 타인과 어우러져 살다 보면 자칫 타인의 삶에 내가 투영되어, 나의 만족과 행복이 모호해지기도 한다. 그럴 때일수록 일상을 되돌아보게 된다. 본연의 '나'를 찾기 위해서다. 일상은 나의 존재를 인식하게 하는 동시에 편안함을 느끼게 한다. 또 일상은 이질적인 것들을 특별하게 만들어주면서 그 자체로 가장 특별하다. 요리가 익숙하지 않았던 때는 어쩌다 요리하는 일이 특별했다. 그러나 점점 익숙해지면서 이제 나의 요리는 특별한 일이 아니다. 그 대신 '요리'가 더해진 나의 일상은 '전과 다른' 것이 되었다. 밥을 짓고 반찬을 준비하는 시간은 과거의 내가 누리지 못했던 일상이다.

청소도 그렇다. 청소를 작고 하찮게 느끼던 과거와 달리 지금 나에게 청소는 하루 일과에서 무엇보다 중요하다. 일상을 이루는 것들이 '나'를 지탱해준다는 것을 알기 때문이다. 일상을 유지하는 평온함은 삶의 여유를 만들고, 이 여유는 타인을 이해하게 한다. 미움보다 애정을 끌어낸다. 가족과 사소한 다툼으로 서먹해졌을 때 애써 아무 일 없던 것처럼 식사를 준비하고 평소처럼 함께 밥을 먹다 보면 감정이 상했던 일도 별것 아닌 것처럼 느껴지듯이 말이다. 방에 먼지가 내려앉는 것처럼 관계에도 조금씩 먼지가 쌓이는데, 청소를 하다 보면 집 밖에서 쌓아온 묵은 감정도 한 꺼풀씩 벗겨진다.

미국의 한 정신과 의사가 우울감을 느끼는 사람들에게 제시했던 방법 중 효과적인 것이 두 가지 있었다고 한다. 하나는 야구장에 가서 열렬한 함성과 응원을 쏟아내는 사람들 틈에 앉아 있는 것이었다. 삶의 에너지를 충전하는 방법으로 주변의 열정적인 기운을 체감할 수 있는 장소를 제안한 것이다. 그리고 이보다 더 효과적인 방법이 바로 일주일 내내 집을 대청소하는 것이었다. 구석구석 먼지를 떨어내고, 걸레로 가구와 바닥을 닦고, 쓰레기를 모아 버리면서 무거운 감정이 해소될 수 있기 때문이다. 나를 힘들게 하는 감정을 덜어내면 그 자리에 에너지를 채울 수 있고 다시 일상을 꾸려갈 수 있다.

팔을 걷어붙이고 욕실로 들어가, 세숫대야에 물을 가득 받았다. 입을 앙다물고 걸레를 박박 빤 다음 힘껏 짜서 마루로 휙 던졌다. 발의 물기를 닦고 씩씩하게 걸레를 향해 걸어갔다. 다시, 청소 시작이다.

날마다
먼지를 쓸고 닦는 일은
나를 쓸고 닦는 일
먼지 낀 마음 말끔히 걸레질해도
자고 나면 또 쌓이는
한 움큼의 새 먼지

부끄러움도 순히 받아들이며

청소 끝에
철학

나를 닮은 먼지를
구석구석 쓸어낸다

휴지통에 종이를 버리듯
내 구겨진 생각들을
미련 없이 버린다.

버리는 일로 나를 찾으며
두 손으로 걸레를 짜는
새 날의 시작이여

- 이해인, 〈청소시간〉 중에서

청소 끝에 철학

초판 1쇄 발행 2018년 3월 14일
초판 3쇄 발행 2018년 5월 9일

지은이 임성민
펴낸이 권미경
기획편집 이윤주
마케팅 심지훈, 정세림
디자인 김종민
펴낸곳 (주)웨일북
등록 2015년 10월 12일 제2015-000316호
주소 서울시 마포구 월드컵북로4길 30, 202호
전화 02-322-7187 **팩스** 02-337-8187
메일 sea@whalebook.co.kr **페이스북** facebook.com/whalebooks

ⓒ 임성민, 2018
ISBN 979-11-88248-17-9 03100

소중한 원고를 보내주세요.
좋은 저자에게서 좋은 책이 나온다는 믿음으로, 항상 진심을 다해 구하겠습니다.

이 도서의 국립중앙도서관 출판예정도서목록(CIP)은 서지정보유통지원시스템 홈페이지(http://seoji.
nl.go.kr)와 국가자료공동목록시스템(http://www.nl.go.kr/kolisnet)에서 이용하실 수 있습니다.(CIP
제어번호: CIP2018006247)